Sven Johne / Sebastian Orlac

Anomalien des frühen 21. Jahrhunderts

Spector Books

Sven Johne, geboren 1976 in Bergen auf Rügen, Künstler und Autor, lebt und arbeitet in Berlin. Sebastian Orlac, geboren 1970 in Bochum, Autor, lebt und arbeitet in Berlin und auf Rügen.

Konzeption: Sven Johne, Texte: Sven Johne, Sebastian Orlac, Bilder: Internet, Gestaltung: Helmut Völter, Lithografie: Carsten Humme, Redaktion: Rebecca Wilton, Übersetzung ins Englische: Dawn Michelle d'Atri, Deutsches Lektorat: Rebecca Wilton, Englisches Lektorat: Amy Klement
Druck: Elbe Druckerei Wittenberg
Textteil gedruckt auf 100% Recyclingpapier

AK WIEN Mit freundlicher Unterstützung der Arbeiterkammer Wien.

Spector Books, Harkortstraße 10, 04107 Leipzig, Germany
www.spectorbooks.com
ISBN 978-3-95905-067-8

Sven Johne
Sebastian Orlac

ANOMALIEN des frühen 21. Jahrhunderts

Einige Fallbeispiele

Spector Books

„Jeden Morgen ein Lächeln.“

MARK ZUCKERBERG, *Bogotá (Kolumbien), Gründer von Facebook.* Der 30-jährige Selfmade-Milliardär spricht in Kolumbien, dem immerhin 73-reichsten Land der Erde, über das Geheimnis seines Erfolgs: „Hey Leute, es gibt keinen Grund sich einzubilden, dass ein anderer das nicht auch geschafft hätte. Ich hatte einfach Glück." Kurz nach der Reise kauft Zuckerberg rund um sein Anwesen im kalifornischen Palo Alto alle weiteren Grundstücke auf, um seine Privatsphäre bestmöglich schützen zu können.

„Ich bin nur ein Mensch und keine Maschine.“

ANGELINA HEGER, *Surfers Paradise (Australien), Reality-TV-Star.* Bekannt wird die 22-jährige durch ihre Teilnahme bei der Sendung „The Bachelor“, bei der acht Kandidatinnen um einen attraktiven Junggesellen werben. Angelina Heger macht den zweiten Platz. Sie veröffentlicht Fotos im *Playboy* und nimmt 2015 an der Sendung „Ich bin ein Star, holt mich hier raus“ teil. Zehn Kandidaten überleben für zwei Wochen in einem sogenannten Dschungelcamp in Australien und werben um die Gunst der Zuschauer. Angelina Heger findet jedoch keinen Zugang zu dem Camp. Sie wird von großem Heimweh geplagt, liegt apathisch in einer Hängematte, weint viel und verweigert schließlich das Essen. Nach sieben Tagen gibt sie ihren Ausstieg bekannt. Von ihrer Gage von 45.000 Euro wird Angelina 30.000 Euro Strafe zahlen müssen, da sie das Camp vorzeitig verlässt.

„Er ist in einem Krieg, den es nicht gibt.“

HENNING VAN DER LEEN, *Hilversum (Niederlande), IT-Berater.* Wenn er gewusst hätte, dass es für immer ist, hätte sich Henning van der Leen wenigstens von seinem Sohn verabschieden können. Peer wollte nach Rotterdam, um Informatik zu studieren, wie sein Vater. Seine Eltern wussten von seiner Leidenschaft für Computerspiele und wunderten sich nicht, als er ihnen ankündigte, dass er neben dem Studium Geld als Testspieler verdient. Doch dann brach der Kontakt ab. Durch Zufall bekamen sie mit, dass er sein Studium geschmissen und Sozialhilfe beantragt hatte. Von seinem ehemaligen Mitbewohner erfuhren sie zum ersten Mal von der Sucht ihres Sohnes. Peer war abhängig von WoW (World of Warcraft), einem Multiplayer-Online-Rollenspiel (MMORPG), seit 2005 in Europa auf dem Markt, seit 2014 in der fünften Erweiterung. Angesiedelt in der Fantasy-Welt Azeroth bewegt sich der Spieler meist in Vogelperspektive zu seinem Spielcharakter, er begegnet anderen Spieler-Figuren, mit denen verschiedene Interaktionsmöglichkeiten bestehen. So können Kämpfe ausgetragen, Kommunikation durchgeführt und Handel betrieben werden. Ganz gleich, was sie unternahmen, Peer verweigerte jeden Kontakt zu seinen Eltern. Henning beschloss schließlich, einen Selbsthilfeverein zu gründen: „Eltern gegen Computerspielsucht." Er ging an die Öffentlichkeit, beriet gemeinsam mit seiner Frau andere betroffene Eltern, machte Druck auf die Politik, in den Schulen mehr Aufklärung zu betreiben. Aus seiner Arbeit wusste er: Süchtige leben meist auf Sozialhilfe in winzigen Wohnungen, sie ernähren sich von einfach aufzunehmender Nahrung, Toastbrot, Pizza, Babybrei, und tragen Windeln, nur um den Rechner und ihre Charaktere nicht verlassen zu müssen. Noch immer hofft Henning, dass sein Sohn Azeroth verlässt und ins Leben zurückkehrt. Sein eigenes hat er unterdessen ganz der Vereinsarbeit geopfert. Hennings Büro ist so gut wie pleite. In ein bis zwei Jahren wird auch er Sozialhilfe beantragen.

„Klimawandel und Weltkriege werden mich persönlich nicht mehr tangieren. Was mir aber fehlen wird, ist Haribo. Ich werde mir ein paar Packungen mitnehmen und immer zum Geburtstag gönnen."

ROBERT SCHRÖDER, *Darmstadt (Deutschland), Elektrotechnik-Student.* Aus weltweit 200.000 Bewerbern wurden im Februar 2015 genau 100 Finalisten gekürt, die – angeblich – die Chance haben, zum Mars zu fliegen. Der 27-jährige Robert Schröder ist einer von ihnen. Besteht er jetzt auch noch alle weiteren Tests, wird er vielleicht zu jenen 24 Wagemutigen gehören, die ab 2025 die Kolonie „Mars One" begründen. Sie sollen dann den Rest ihres Lebens in Stationsmodulen, Gewächshäusern und Wasseraufbereitungsanlagen verbringen, umgeben von einer lebensfeindlichen Sphäre, umgeben von kosmischer Strahlung. Ein Rückflug der Kolonisten ist nicht vorgesehen. Die Ressourcen auf dem Mars reichen schlichtweg nicht aus, eine Rakete zu bauen. „Mars One" soll medial begleitet werden von der holländischen Produktionsfirma Endemol, die auch schon „Big Brother" entwickelt hatte; ein lebenslanges TV-Event entstünde. Robert Schröder hofft, dass er wenigstens auf dem Klo seine Ruhe haben wird. Er möchte auf dem Mars eine Familie gründen. „Ich wünsche mir ein Leben in Frieden", so Schröder.

„Der Rückzug war meine einzige Rettung.“

ROLF JOHNE, *Berlin (Deutschland), Rentner.* Er wollte nicht zurück. Ein Gutachter attestierte ihm sogar eine Deutschland-Allergie, ein Gericht bestätigte es. Johne bezog nach einer schweren Erkrankung und dauerhaften Arbeitslosigkeit deutsche Sozialhilfe in Miami. Doch nachdem die *BILD*-Zeitung auf seinen Fall aufmerksam geworden war und ihn als Florida-Rolf bekannt gemacht hatte, blieb ihm nichts anderes übrig als zurückzukehren. Die gerade frisch gewählte rot-grüne Regierung kündigte unter dem öffentlichen Druck an, dass es keine „Stütze unter Palmen" mehr geben werde. Rolf Johne lebt seither zurückgezogen in einer kleinen Wohnung in Berlin. Er entschloss sich, keine Interviews mehr zu geben. Auch sonst hält er sich von den Medien fern. Vor kurzem hat er allerdings ein altes Röhrenradio bei einem Trödler gekauft und repariert. „Es tut gut, hin und wieder Stimmen zu hören."

„Es gibt keinen großen Unterschied zwischen jenen, die sich schon umgebracht haben, und jenen, die noch am Leben sind.“

RAMESH RATHOD, *Lehegaon, Amravati-Distrikt (Indien), Baumwollfarmer.* Es sah aus wie ein ganz normales Abendessen: etwas Reis, eine Schale Dal, Wasser. Ramesh Rathod verschlang alles hastig, er hatte wieder einmal den ganzen Tag nichts gegessen. Dann übergab er sich, sackte zusammen, endlich: tot. Ramesh hatte seinem Essen Pestizide beigemischt. Vor etwa eineinhalb Jahren hatten die USA ein milliardenschweres Subventionsprogramm zur Unterstützung der amerikanischen Baumwolle verabschiedet. Daraufhin sank auf dem Weltmarkt der Baumwollpreis. Ramesh Rathod bekam das deutlich zu spüren, jeden Tag, es war einfach immer weniger Geld da. Am Vortag des Suizids kam dann auch noch ein Bankangestellter aus der Provinzhauptstadt in die Hütte Rathods, um die sofortige Rückzahlung der Kredite zu erwirken. Ramesh Rathod hinterlässt eine Frau und zwei Kinder.

„Revolutionäre sollten diejenigen Maßnahmen unterstützen, die auf eine Vereinheitlichung der Weltwirtschaft abzielen. Freihandelsabkommen wie NAFTA und GATT sind wahrscheinlich auf kurze Zeit gesehen schädlich für die Umwelt, aber haben auf Dauer Vorteile, weil sie wirtschaftliche Abhängigkeit der Staaten untereinander fördern. Es wird leichter sein, das industrielle System auf der Grundlage einer Weltwirtschaft zu zerstören, die eine einheitliche Grundlage hat. Der Zusammenbruch in einem einzelnen großen Staat führt dann zu einem Zusammenbruch aller Industrienationen.“

THEODORE JOHN KACZYNSKI, *Florence, Colorado (USA), Attentäter.* Der Mathematikprofessor Theodore John Kaczynski zog sich 1970 in die Berge Montanas zurück und lebte fortan als Eremit in einer selbstgebauten Blockhütte. Von hier aus verschickte er im Zeitraum von 1978 bis 1995 insgesamt 16 Briefbomben an Fluggesellschaften, Universitäten, Lobbyisten. In der amerikanischen Gesellschaft wurde er als „Unabomber“ bekannt. Insgesamt drei Menschen starben. 1995 erzwang er die Veröffentlichung seines anarchistischen und technologiefeindlichen Manifests in der *New York Times* und der *Los Angeles Times*. Kurz darauf wurde er gefasst und zu lebenslanger Freiheitsstrafe in einem Hochsicherheitsgefängnis verurteilt.

„Es ist 17 Uhr. Um 16 Uhr sollte ich tot sein.“

ANIESHA FEY, *Auenthal (Mythodea), Herrscherin der Leere.* Sie sitzt auf einem Baumstamm und wartet auf ihre Sterbeszene. Knapp zwei Tage hat sie das Rollenspiel durchgehalten, nun ist sie genervt. Über 3.000 Spieler aus ganz Europa haben sich auf dem Rittergut Brokeloh bei Hannover versammelt, um auf dem Conquest of Mythodea den letzten Kampf zwischen Gut und Böse auszufechten. Doch die Schlacht zieht sich, und Aniesha Fey, die mächtige Fürstin des Nichts, wartet ungeduldig auf ihr Ende. In zwei Stunden muss sie in ihr Auto steigen. Morgen steht sie wieder vor ihrer Klasse. Aniesha heißt in ihrem weltlichen Leben Chris und unterrichtet an einem Gymnasium in Tübingen.

„Protest ist, wenn ich sage, das und das passt mir nicht. Widerstand ist, wenn ich dafür sorge, dass das, was mir nicht passt, nicht länger geschieht. Protest ist, wenn ich sage, ich mache nicht mehr mit. Widerstand ist, wenn ich dafür sorge, dass alle anderen auch nicht mehr mitmachen."

ROSA WOLF, *Berlin (Deutschland), Rentnerin und Aktivistin.* Die 71-jährige Rosa Wolf aus Berlin-Kreuzberg hatte beschlossen, so lange keine Miete mehr zu zahlen, bis die jüngste Mieterhöhung vollständig rückgängig gemacht werden würde. Wolf hatte einst Soziologie und Pädagogik studiert und später als Buchhändlerin gearbeitet. Dem Vermieter schrieb sie, etwas rabiat: „Sie Schnösel, warum denn schon wieder mehr? Meine Rente jedenfalls ist nahezu gleich geblieben." Auch Wohngeldzahlungen des Amtes schlug sie aus, weil „der Papierkram, überhaupt das ganze Sozialamt" entwürdigend sei. Im Herbst 2013 wurde die Wohnung Wolfs schließlich unter großem Polizeiaufgebot zwangsgeräumt. Mehrere Aktivisten stellten sich den Beamten in den Weg. Wolf selbst hatte von innen die Tür zugeschraubt. Umsonst. Sie lebte zunächst in einem Obdachlosenheim, später in einer linken Wohngemeinschaft. Rosa Wolf starb im Frühjahr 2014 überraschend an Herzversagen.

„Ich will kein Geld, ich will kein Auto, ich will einfach nur eine funktionierende Buslinie, verdammt!“

KELLY WILTON, *Detroit, Michigan (USA), Fabrikarbeiterin.* Nachdem in diversen sozialen Medien gepostet wurde, dass Kelly Wilton seit zwei Jahren – jeden Werktag – etwa 16 Kilometer zu Fuß zurücklegt, um an ihren Arbeitsplatz zu gelangen, sammelte die internationale Facebook-Community fast 120.000 Euro ein, damit sich die 52-jährige Wilton ein neues Auto kaufen könne. Nachdem der Besitzer der Fabrik stolz mitteilte, dass Wilton noch nie gefehlt habe, selbst im Schneesturm nicht, boten drei amerikanische Autokonzerne allradbetriebene SUVs an, natürlich kostenlos. Und als dann bekannt wurde, dass Kelly Wilton gar keinen Führerschein besitzt, offerierte auch ein lokales Taxiunternehmen Hilfe: eine lebenslange „Taxi-Flat“. Kelly Wilton lehnte alles entschieden ab.

„Nein, nein, nein."

SEMANUR S., *Berlin (Deutschland), Hausfrau.* Die 18-jährige Semanur wurde aus einem anatolischen Bergdorf zur Hochzeit nach Berlin geschickt. Ihren Mann kannte sie bis dato nicht. Orhan S. erwies sich als untreu und gewalttätig. Es gab, nach Aussage der Nachbarn, oft Streit. Im Juni 2012 verlangte die mittlerweile 30-jährige Semanur endgültig die Scheidung. Orhan S. prügelte sie zu Boden. Vor den Augen der sechs Kinder köpfte er die Frau. Nachbarn sagten aus, dass Orhan S. mit dem Kopf in der Hand eine Weile auf dem Balkon des Mietshauses stand, mehrmals „Allahu Akbar" rufend. Dann warf er ihren Kopf auf den Gehsteig. Er zerstückelte die Leiche, warf ebenfalls alles hinunter. Orhan S. konnte schließlich von der Polizei überwältigt werden. Er wurde in die Psychiatrie eingewiesen. Orhan S. leidet an Schizophrenie.

„Unsere Verwandten kommen aus dem Wald.“

NILO VARGAS, *Monte Salvado (Peru), 14-jähriger Junge vom Stamm der Yine.* Nilo wollte nicht verstehen, wieso er nie das Dorf verlassen durfte. Seine Eltern und Großeltern hatten noch im Dschungel gelebt. Und er sollte in der Hütte vorm Satellitenfernsehen hocken bleiben? Als er sich doch heimlich in den Wald wagt, wird er prompt von einem zwei Meter langen Pfeil getroffen, vermutlich von einem Mitglied der isoliert lebenden Mashco-Piro-Gruppe. Der Junge wird in ein Krankenhaus in Puerto Maldonado eingeliefert, mehr als zwei Tage Bootsfahrt entfernt. Jaime Corisepa, Vorsitzende der Indigenen-Organisation FENAMAD, vermutet, dass die unkontaktierten Brüder aus dem Territorial Reserve (Reservat) mehr Lebensraum suchen. Monte Salvado sitzt am Fuße des Piedras Flusses, inmitten des Madre de Dios Territorial Reserve für isolierte Indigene. Illegale Abholzung ist in der Region weit verbreitet, ebenso suchen Drogenschmuggler in dem Gebiet Unterschlupf. Ein möglicher Grund, dass die noch unkontaktierten Stämme ihren Lebensraum verlassen. Die Bewohner von Monte Salvado bleiben nun hinter verschlossenen Türen, um sich vor weiteren Angriffen zu schützen, aber auch die Angreifer selbst nicht in Gefahr zu bringen. Denn isoliert lebende Völker sind stark gefährdet, sich durch Krankheiten wie Masern und Grippe anzustecken. „Wir dürfen keinen Kontakt mit ihnen haben", sagt der Anführer der Yine einem Vertreter von FENAMAD. „Sogar unsere Kleider oder Werkzeuge könnten für sie ansteckend sein."

„Im Koran finde ich Sicherheit und Halt."

MANUELA JÄSCHKE, *ar-Raqqa (Syrien), Ehefrau eines Dschihadisten.* Manuela, geboren 1985 in Halle/Saale (DDR), der Vater, Waggonbauer, stirbt 1990 überraschend an Herzversagen; die Mutter, Fleischfachverkäuferin, verliert 1991 die Arbeit, deshalb 1992 Umzug mit Manuela ins Allgäu, nach Memmingen. 2003 lernt Manuela dort ihren späteren Mann kennen: Emad, geboren 1982 im Irak, Wachmann auf dem Flugplatz Memmingen, aktiver Vereinsfußballer, Mittelfeld. Religion spielt in seinem Leben keine Rolle. 2005 Hochzeit, zwei Kinder, Angelina und Jaxson. 2008 verliert Emad seinen Job auf dem Flughafen, eine Umschulung als Informatiker will nicht recht gelingen. Durch Emads Freunde beschäftigen sich die beiden ab etwa 2010 verstärkt mit dem Islam, sie studieren den Koran, ab 2011 trägt Manuela Kopftuch und Emad lernt arabisch. Die Mutter berichtet, dass sie im Frühjahr 2013 den Kontakt zu Manuela und den Kindern vollends verliert. Im Frühsommer 2014 erhält sie einen Brief aus Syrien: Emad sei wieder in Ausbildung, allen ginge es gut, nur das nächtliche Donnergrollen würde die Kinder manchmal ängstigen.

„Atemlos durch die Nacht, bis ein neuer Tag erwacht. Atemlos einfach raus, deine Augen ziehen mich aus! Atemlos durch die Nacht, spür', was Liebe mit uns macht. Atemlos, schwindelfrei, großes Kino für uns zwei. Wir sind heute ewig, tausend Glücksgefühle. Alles, was ich bin, teil' ich mit dir. Wir sind unzertrennlich, irgendwie unsterblich. Komm nimm' meine Hand und geh' mit mir."

HELENE FISCHER, *Mallorca (Spanien), Sängerin.* Die vielleicht erfolgreichste deutschsprachige Sängerin aller Zeiten jettete im Juni 2014 nach Hamburg, um dort das Kreuzfahrtschiff „Mein Schiff 3“ zu taufen. Als Taufpatin habe die „Schlagerprinzessin“ – so ein Sprecher der Reederei – selbstverständlich ein ewiges Anrecht auf eine Suite. „Ich darf mir meine Gemächer selbst einrichten. Ich habe jetzt auch immer ein Zuhause auf dem Meer. Da kann nichts mehr schief gehen. Ein tolles Gefühl“, so Helene Fischer.

„Schneid' mir den Kopf ab."

HAKIM MELEK, *Tromsö (Norwegen), Friseur.* Immer wieder taucht der Satz in seinen Träumen auf, so oft, dass er fast schon glaubt, er hätte ihn selbst gesagt. Doch es war ein Kunde, der sich zum Rasieren auf seinen Stuhl gesetzt hatte, und er brüllte ihn Hakim entgegen, gerade als er sein Messer aufklappen wollte. Das war, als er noch in Deutschland lebte, in Gelsenkirchen. Die ersten Enthauptungs-Videos des IS aus Syrien kursierten im Netz. Die Bevölkerung war aufgebracht, und eine neue Welle des Misstrauens schlug einem als gläubigem Muslim entgegen, wie schon damals, kurz nach den Anschlägen am 11. September 2001. Hakim, der in dritter Generation in Deutschland lebte und im Laden seines Vaters arbeitete, hatte die Schnauze voll. Er ging nach Nordnorwegen zu seinem Cousin, der dort als Reinigungskraft gut verdiente. Haare wachsen überall, und so fand auch er schnell eine Stelle. In dem Jahr, als er nach Tromsö kam, fiel Ramadan in die Sommermonate. Hakims Cousin und er kannten sonst keine Muslime. Sie wussten nicht, wann sie Fastenbrechen sollten, wenn die Sonne 24 Stunden scheint. Per E-Mail erbaten sie Hilfe von einem Imam in Saudi-Arabien. „Richtet euch nach den Zeiten in Mekka", lautete der pragmatische Rat. Im Winter mussten sie sich ein zweites Mal an den Imam wenden. Hakim hatte für Nachbarskinder einen Schneemann gebaut und wusste nicht, ob das halal, also ob es rechtens war. War es nicht, wie der Imam bestätigte. Alles, was Schatten wirft, kann nur Allah erschaffen. Der Mensch darf kein Schöpfer sein. Der Imam wusste jedoch Abhilfe: „Nimm einfach den Kopf ab."

„Uyakko! Was ist das? Nüsse in einer Tüte? Verdammte Scheiße, willst du sterben? Knie nieder, du Pockengesicht, und bitte um Entschuldigung! Nüsse müssen nach den Regeln unserer Airline in einer kleinen Schale serviert werden! Sofort den Tower kontaktieren! Sofort alles auf Stopp!“

CHO HYUN-AH, *Seoul (Südkorea), Managerin.* Die 40-jährige Cho, Tochter des Korean-Air-Chefs Cho Yang-ho, ließ den Kabinenchef der First Class für einen banalen Fauxpas niederknien, um ihn mit einem Aktenordner zu züchtigen. Cho ließ dann die startbereite Linienmaschine zum Gate zurückkehren, um den gedemütigten Steward aus dem Flugzeug werfen zu lassen. Alle 250 Passagiere mussten warten. Im Februar 2015 wurde sie für ihr Verhalten zu einem Jahr Gefängnis verurteilt. Zuvor hatte sich Ihr Vater von ihr distanziert und sich öffentlich für seine „schlechte Erziehung" entschuldigt.

„Roter Stern – das ist das Sterben einer untergehenden Sonne."

FAISAL ZAHOOR AHMAD, *Aufenthalt unbekannt, Steuerflüchtling.* Seine Augen sind müde. Er lehnt bequem im weißen Sessel. Der Ausblick aus seinem Hotelzimmer darf nicht beschrieben werden. Faisal Ahmads Aufenthaltsort ist unbekannt. Seit 2014 liegt ein internationaler Haftbefehl der Staatsanwaltschaft Frankfurt gegen den aus einer pakistanischen Familie stammenden Briten vor. Faisal Ahmed soll mit seiner Firma „Roter Stern GmbH“ in den Jahren 2009 und 2010 den deutschen Staat um insgesamt 58 Millionen Euro Steuergelder betrogen haben. Ihm wird vorgeworfen, gezielt Emissionsrechte für Treibhausgase aus dem europäischen Ausland gekauft zu haben, die keiner Umsatzsteuer unterliegen, um sie dann in einem Netzwerk von Scheinfirmen zu einem höheren Preis weiterzuverkaufen. Die mit jedem Kauf anfallenden Umsatzsteuern werden vom Finanzamt als Durchlaufposten eingefordert, am Jahresende jedoch nicht abgeführt, da die Firmen wieder aufgelöst und mitsamt dem Kapital im Ausland verschwinden. Faisal Ahmad bestellt ein weiteres Getränk. So wie er lächelt, könnte man meinen, dass er längst etwas Neues plant. 2010 hätten ihn die deutschen Ermittler beinahe gefasst. Als sie seine Wohnung aufbrachen, lief noch die Spülmaschine. Trotz seines Haftbefehls reist er gelegentlich nach Deutschland. Wie ihm das gelingt, behält Ahmad für sich. Nur den Grund seiner Reisen verrät er: „Das gute Bier.“ Faisal Ahmad zwinkert kurz mit den müden Augen.

„Diese Politik unterwirft sich, sie macht sich zum Lakaien des Marktes. Diese marktradikalen EU-Bonzen, diese Wichser der Troika, die verordnen uns ein Brechmittel: Privatisierungen. Ja, ich muss kotzen! Warum soll sich denn alles dem Kapital unterordnen? Unser Land, unsere Menschen, unsere Gefühle? Leckt uns am Arsch, ihr Penner! Und nebenbei, da wird in dieser verlogenen EU klammheimlich dieses TTIP eingeführt. Ihr amerikanischen Speichellecker! Eine solche Kapitalisten-EU verrät Europa. Ihr macht damit Le Pen und Konsorten stark! Also verpisst euch, ihr geldgeilen Schlappschwänze! Ihr antidemokratischen und phantasielosen Pseudo-Europäer."

GIANNIS KOTZIAS, *Athen (Griechenland), Diplomat.* Eigentlich hatte Kotzias am Ende seines Studiums der Volkswirtschaftslehre an der Universität Gießen (Deutschland) dem politischen Radikalismus abgeschworen. Er trat aus der Deutschen Kommunistischen Partei aus, ging zurück nach Athen, wurde geradezu bürgerlich. Als Dozent an der Athener Universität galt er als pro-europäischer Linksliberaler, jedoch ohne feste Heimat in der Parteienlandschaft Griechenlands. 2012 wurde er entlassen, seine Stelle musste eingespart werden. Kotzias landete auf der Straße, wurde Taxifahrer und leitete den „Marxistischen Stammtisch" der Athener Taxifahrer-Vereinigung. Nach der Wahl Alexis Tsipras' wurde er kurzzeitig Berater im Finanzministerium, später gar Mitarbeiter der Botschaft Griechenlands in Wien, allerdings steht jetzt – aus nachvollziehbaren Gründen – seine Abberufung bevor.

„Ich habe endlich die Tür aufgestoßen."

VANESSA GOOLAGONG, *Kaltukatjara, Northern Territory (Australien), Hausfrau.* Seit Monaten herrschte eine brutale Dürre im australischen Northern Territory. Dort hatten einst die Briten arabische Kamele eingeführt, um das trockene Land kolonisieren zu können. Mit dem Bau der Eisenbahn aber wurden die Tiere nutzlos, man überließ sie sich selbst. Seitdem trabten sie in großen Herden als „Wildkamele“ umher, ständig auf der Suche nach Wasser. Und so zogen sie auch im Jahr 2009 von Wasserloch zu Wasserloch, in riesigen Herden, vereint im Durst, umsonst: Alles war ausgetrocknet. Dann witterten die Tiere die Wassertanks und Leitungen in den Häusern der einzigen Ortschaft der Wüste: die 300-Seelen-Gemeinde Kaltukatjara, 670 Kilometer südwestlich von Alice Springs. Etwa 6.000 Tiere überrannten schließlich das Dorf, versuchten, mit ihren großen Körpern Fenster und Türen einzudrücken, gierig nach Wasser. Die Einwohner, mehrheitlich aboriginale Australier, verbarrikadierten sich und warteten auf die Hubschrauber der Armee. Nur bei einem Haus öffnete sich eine Tür, von innen: Die 17-jährige Vanessa Goolagong ging einfach hinaus auf die Straße, sie wurde sogleich überrannt. Die Tiere stürmten das Haus. Vanessa Goolagong überlebte schwer verletzt, ihr 63-jähriger Ehemann starb unter hunderten Hufen. Zeitgleich trieb das Militär mit Hubschraubern einen Teil der Herde aus dem Ort. Genau 3.604 Kamele wurden aus der Luft abgeschossen. Noch im Krankenhaus wurde Goolagong nach dem Grund ihrer selbstmörderischen Tat befragt, die ja letztlich ihren Mann das Leben gekostet hatte. Sie schwieg, monatelang, jahrelang. Die Polizei stellte schließlich die Ermittlungen ein. Vanessa Goolagong vertraute sich aber kürzlich einer Sozialarbeiterin an. Sie sagte ihr genau drei Sätze: „Ich wollte nicht mehr geschlagen werden. Ich wollte duschen, ohne vergewaltigt zu werden. Ich konnte diesen alten Säufer nicht mehr ertragen.“

„Ich will zu meiner Mama!“

ELISA, *Hamburg (Deutschland), 5-jähriges Kind.* „Die kleine Elisa möchte bitte aus dem Småland abgeholt werden, die Eltern von Elisa bitte!". Die Durchsage an einem Mittwochmorgen im Dezember 2014 erfolgte dutzende Male. Die Eltern des Mädchens kamen aber erst nach sechs Stunden zurück in die Kinderbetreuung der IKEA-Filiale in Hamburg-Altona. Der schwedische Möbelkonzern betreibt hier seit Mitte 2014 sein erstes Kaufhaus in einer Fußgängerzone. Die Umsätze bei den Möbeln seien bemerkenswert gering, so der Chef der neuen Filiale, jedoch musste schon nach kurzer Zeit das Restaurant vergrößert und die Kinderbetreuung ausgebaut werden: Ganze Schulklassen würden täglich zum Mittagessen kommen, die Kinderbetreuung „Småland" ähnele einem Kinderhort. Die Eltern gingen einfach arbeiten, ins Fitnessstudio oder anderswo shoppen. „Aber für die Kinder ist es immer ganz schrecklich, wenn niemand kommt", so der Filialleiter.

„Wer die Wirklichkeit irrealisiert, wird neurotisch, wer die Wirklichkeit derealisiert, wird verrückt. Liebende überschreiten die Grenzen in beide Richtungen.“

SANDRA REICHHARDT, *Tarifa (Spanien), Inhaberin einer Surfschule.* Roland Barthes brachte sie zur Sinologie, Wolfgang brachte sie zum Surfen. Vor über 20 Jahren schmiss sie ihr Studium und stieg mit ihm aus. Neben ihrer Finca steht noch ihr alter Bulli, in dem sie über zehn Jahre gewohnt hatten. Gegenüber liegt Afrika, die Küste Marokkos. Nachts sieht man die blassgelben Lichter. Obwohl die Fähre nur eine halbe Stunde braucht, war sie noch nie drüben. Wolfgang behauptet, es einmal auf dem Surfbrett hinüber geschafft zu haben. Seit Frontex dicht gemacht hat, kommt kein Flüchtling mehr von der anderen Seite. „Wenn mir was zustößt, leg mich aufs Brett und lass mich treiben", hat Wolfgang ihr immer gesagt. Nun sitzt er nach seinem Schlaganfall im Rollstuhl. Sie wird ihn in ein Pflegeheim geben und weiterziehen. Vielleicht sogar nach Afrika.

„Sie können nicht kochen, nicht waschen und nicht mal ihre Sachen flicken. Aber dafür haben sie ja uns."

GERNOT HEMPEL, *Wien (Österreich), Koch.* Das erste Mal kam er mit den Studenten bei ihren Protesten in Berührung. Sie hatten das Audimax der Universität besetzt. Da konnte man nachts leicht einen Schlafplatz finden. Und eine Volxküche gab es auch. Das Essen war so mies, da musste er sich selbst an den Herd stellen. Sie kämpften für die Abschaffung der Studiengebühren. „Reiche Eltern für alle", stand auf einem Plakat. Gernot hatte seine eigenen nicht mal kennengelernt. Kurz nach seiner Geburt wurden sie aus Ost-Berlin in den Westen abgeschoben. Er selbst kam in ein Dauerheim für Säuglinge und Kleinstkinder und von da ab blieb er in staatlichen Einrichtungen: Kinderheim, Hilfsschulheim, Jugendwerkhof, Knast. Auch wenn der Staat 1989 unterging oder anders hieß, er wollte nichts mehr mit ihm zu tun haben. Kein Arbeitslosengeld, keine Umschulung, keine Notaufnahmen. Seine leiblichen Eltern konnten ihm auch gestohlen bleiben. Gernot lebte fortan auf der Straße und nutzte die neue Reisefreiheit: Rom, Lissabon, Paris. Brücken gab es überall. Wenn er es im Winter nicht in den Süden schaffte, schlief er in öffentlichen Papiercontainern. Die waren gut isoliert und dunkel. Bis vor drei Jahren Jugendliche einen ansteckten, in dem er gerade schlief. Gernot konnte mit schweren Verbrennungen entkommen und in einer medizinischen Notfallstation für Obdachlose behandelt werden. Mit seiner nun empfindlichen, verbrannten Haut fiel ihm das Leben auf der Straße immer schwerer. Die studentischen Proteste blieben ohne nennenswerten Erfolg. Aber es entstand etwas anderes: Das „maßfürmaß" (frei nach Shakespeares Stück, das in einem fiktiven Wien spielt) ist ein Wohnprojekt für Studenten und Obdachlose. Während der Proteste war man sich nähergekommen und hatte gemerkt, dass allen das Gleiche fehlt: bezahlbarer Wohnraum. Dank kirchlicher Unterstützung und der eines Bauunternehmers entstand ein völlig neues Wohnheim mit Gemeinschaftsküche und öffentlichem Restaurant, in dem Gernot als Koch arbeitet. In seiner WG wohnen noch eine Philosophiestudentin und ein Wirtschaftswissenschaftler. „Komplett lebensunfähig, diese jungen Dinger", findet Gernot, „aber sie erklären mir die Welt."

„Wer von euch hat ein iPhone? Wer hat ein BlackBerry? Wer von euch nutzt Gmail? Also, ihr seid alle am Arsch."

JULIAN ASSANGE, *London (England), Sprecher der Enthüllungsplattform WikiLeaks.* Wie es heißt, litt der 43-jährige Australier schon als Kind darunter, mitsamt seinen Eltern in deren Wanderzirkus umherzureisen. Auch später missfielen ihm die ständigen Ortswechsel: Australien, Indien, Schweden, Russland, Großbritannien. Assange hegte einen geheimen Traum: endlich irgendwo ankommen, endlich Wurzeln schlagen. Seit August 2012 nun ist der politische Aktivist in der Botschaft Ecuadors in London gefangen.

„Wir sind im Krieg mit der Natur. Wir sind im Krieg mit uns selbst.“

DAVID MAYER DE ROTHSCHILD, *London (Großbritannien), Abenteurer und Ökologe.* Auf einem Katamaran aus 12.500 Plastikflaschen überquert er 2010 den Pazifischen Ozean, um gegen die Belastung der Weltmeere durch Plastikmüll zu protestieren. 2011 bereist er das Amazonasgebiet Brasiliens, um die Auswirkungen des kontrovers diskutierten Wasserkraftwerks Belo Monte zu prüfen. David Mayer de Rothschild kritisiert den zunehmenden Trend zur Nachhaltigkeit, sofern er nur als Feigenblatt dient. Nachhaltigkeit bedeutet eben nicht, es bei der Veröffentlichung eines Nachhaltigkeitsberichts zu belassen. Nur durch aktives Handeln können wir etwas bewegen. Kritiker werfen Rothschild vor, dass sein Öko-Kreuzzug keine neuen Einsichten über den Zustand der Gewässer bringen werde. Letztlich sei die Expedition nur die kostspielige Effekthascherei eines exzentrischen Banken-Erben, den 2012 ein US-Magazin als begehrtesten Junggesellen der Welt eingestuft hat.

„Was brauchen Sie für ein Leben in Würde?“

MADLEEN SCHLEI, *Wittenberge, Brandenburg (Deutschland), Sachbearbeiterin.* Einmal im Jahr wird im Jobcenter Prignitz eine sogenannte Mitarbeiterschulung durchgeführt. Der Leiter der Behörde spricht gern ein paar Worte zum Auftakt, etwa so: „Deutschland wurde dank der Hartz-Gesetze zurückkatapultiert in die allererste Liga der Industrienationen. Dafür, liebe Kolleginnen und Kollegen, danke ich Ihnen." Dann erläutert ein Abteilungsleiter nochmals das Prinzip von „Fördern und Fordern": Arbeitslose sollen möglichst schnell in Lohn und Brot gebracht, das Eigenengagement der „Kunden" müsse aber unbedingt eingefordert werden. „Natürlich auch durch strikte Kontrollen", denn „Leistungserschleichung" sei antisozial. Für die Sachbearbeiterin Madleen Schlei geht das komplett an der Wirklichkeit vorbei. In Wittenberge gibt es gar nicht genügend Jobs: Sie schreibt mit einer 62-jährigen Diplom-Dolmetscherin ganze 18 Bewerbungen. Umsonst. Sie begleitet einen 55-jährigen Zerspanungsfacharbeiter in die Selbstständigkeit: drei Webdesign-Kurse und keine Aufträge. Sie versucht sogar, eine 52-jährige Bibliothekarin zum Umzug nach Norwegen zu motivieren. Ohne Erfolg. Für eine bestimmte Generation ist in dieser strukturschwachen Region einfach nichts mehr zu machen. „Ich kann nicht alle meine Leute in irgendwelche Kurse stecken, um sie aus der Statistik zu bekommen", sagt die 34-Jährige. Irgendwann hört Madleen Schlei einfach auf: keine Gängelungen mehr, keine sinnlosen Bewerbungen, keine Unterstellungen. „Eine Selbstanzeige schützt Steuerhinterzieher vor Strafen. Aber bei Hartz-IV-Empfängern werden schon 300 Euro überzahlte Leistung als Betrugsversuch gewertet", empört sie sich. Schlei lässt Leistungen einfach auszahlen, eine Art bedingungsloses Grundeinkommen also. Nach vier Monaten wird es bemerkt. Madleen Schlei wird ins Archiv des Katasteramtes versetzt.

„Es gibt kein Entkommen.“

JASON PHILIPS, *Marseille (Frankreich), Fremdenlegionär.* Er wirkt durchtrainiert und doch hat er etwas Zartes, zwischen all den tätowierten, massigen Körpern, die sich an den Klippen von Camp de Carpiagne in ihren freien Stunden in der Sonne bräunen oder die rund 20 Meter hinunter in das azurblaue Mittelmeer stürzen. Jason Philips ist zurzeit der einzige US-Amerikaner im „1er régiment étranger de cavalerie", der leicht gepanzerten ersten Brigade der französischen Fremdenlegion. Die meisten von ihnen sind Serben, Russen, Algerier, oder aber ihre Herkunft ist unbekannt. Jason ist auch nur auf dem Papier Amerikaner. Aufgewachsen ist er im Taunus. Seine Eltern, Zeugen Jehovas, arbeiteten für die Deutschland-Zentrale der Glaubensgemeinschaft. Die patriarchale Erziehung und seine homosexuelle Neigung ließen ihn mit 16 Jahren von Zuhause ausreißen. Seither ist in seinem Leben nur eines beständig, die Unbeständigkeit. Er jobbte auf Tankern, ging in Indien in ein Ashram und in Israel in ein Kibbuz. Auf Sansibar eröffnete er ein Lodge, in Kenia wurde er wegen Drogenbesitzes in die USA abgeschoben. Mit der französischen Fremdenlegion nahm er 2013 an der „Opération Serval" in Mali teil. Er wurde schwer verletzt und hätte laut Gesetz die französische Staatsbürgerschaft annehmen können. Doch Jason treibt es zu neuen Ufern. Er sieht von den Klippen hinunter ins Wasser und schüttelt kurz den Kopf. Wenn er etwas gelernt hat, dann das: Jeder Ausstieg ist ein Einstieg und umgekehrt. Seit er über die Schriften Thomas von Aquins wieder zum Glauben gefunden hat, ist er überzeugt: Nicht mal der Tod bedeutet ein Ende. Vielleicht wird er als nächstes in ein Kloster gehen. Jetzt aber stürzt er sich erst mal grußlos in die Fluten und verschwindet als kleine Schaumkrone.

„Geld ist Glaubenssache. Die meistverbreitete Religion der Welt. Und welcher Fundamentalist wird nicht wütend, wenn man seinen Glauben in Frage stellt?“

DANIEL SUELO, *Moab, Utah (USA), Völkerkundler.* Die Reaktionen auf Daniel Suelos Ausstieg aus der Welt des Geldes waren anfangs heftig: Sein Lebensstil sei „unamerikanisch", weil er „nichts anstrebt und nichts produziert", er sei „verrückt". Dabei hatte Suelo nur beschlossen, ein selbstbestimmtes Leben im – wie er es sagt – „Hier und Jetzt" zu führen. Ohne Geld. Ohne Konsum. Ohne Angst. Der heute 54-Jährige legte im Jahr 2000 seine gesamten Ersparnisse in eine Telefonzelle und ging hinaus in die Wildnis. Er lebt seitdem in einer Felsspalte, 4,50 Meter lang, 1,50 Meter hoch. Er ernährt sich von Beeren, Pilzen und Wasserkresse. Manchmal angelt er sich Essen aus den Mülltonnen der nahen Stadt. Und manchmal kratzt er auch Tiere von der Straße. Ein frisch totgefahrenes Reh, sagt er, war das beste Fleisch seines Lebens. Und über all das schreibt er in seinem Blog. Und auch über Geld: „Wie kann es denn sein, dass ein Haus 500.000 Dollar wert ist und kurz danach nur noch 300.000? Wo ist das Geld geblieben?" Er erhält erste Einladungen zu Vorträgen. Er wird bestaunt wie in einer Freakshow, wenn er sagt: „Geld ist nur eine Illusion. Menschen haben es erfunden." Dann der 15. September 2008, die Lehman-Brothers-Pleite: Über Nacht wird Suelo zum bekanntesten „Obdachlosen" der USA, ein Superstar. Gleich zwei Suelo-Dokumentarfilme entstehen. Seine Felsspalte wird zum Wallfahrtsort. Penguin Books, der weltweit größte Verlag für Literatur und Sachbücher, fragt an, ob er seine Autobiografie schreiben würde, um diese verlegen zu können. Es gäbe jetzt wieder einen Markt für Aussteigerliteratur, so ein Agent des Verlags. Suelo antwortet: „Ich will kein Honorar. Und ich möchte, dass das Buch kostenlos für jedermann ist." Der Verlag lehnt ab, Suelo kehrt in seine Felsspalte zurück. Ein derzeit häufiger Höhlengast, so berichtet er jüngst in seinem Blog, sei eine charmante Frau namens „Rat Girl", die sich bestens mit essbaren Wildpflanzen, Naturmedizin und der Jagd auf kleine Nager auskennt. „Seit sie da ist, habe ich sehr viel mehr gebratene Ratten gegessen", lacht Suelo. Aber das sei nur eine kuriose Anekdote. Wichtig ist, so Suelo, dass „ein Leben auch jenseits des *Rat Race* möglich ist. Wir jedenfalls haben Spaß hier."

„Haselnuss-Butterscotch, Milchkaffee mit karamellisierten Keksen, Cheesecake-Feigen-Schoko und Milchreis-Zimt.“

MARKUS DEIBLER, *Hamburg (Deutschland), Schwimm-Weltmeister.* Noch im Dezember 2014 schwamm der 24-jährige Athlet in Doha einen sagenhaften Weltrekord über 100 Meter Lagen. Der vielfache Deutschland- und Europameister galt als die ganz große Medaillenhoffnung des Deutschen Schwimmverbandes für die Olympischen Spiele 2016 in Rio de Janeiro. Stattdessen hörte Deibler aber einfach auf zu trainieren, „nach reiflicher Überlegung", wie er auf Facebook mitteilte. Alles wurde ihm zu viel: das frühe Aufstehen, das alltägliche Kacheln zählen, die ständigen Wettkämpfe, der Druck des Schwimmverbandes, der so dringend Erfolge braucht. Und dann immer diese Angst: Bloß irgendwie gesund bleiben, damit am Ende vier Jahre Training nicht umsonst waren. Deibler verließ das Becken und eröffnete im Hamburger Stadtteil St. Pauli eine kleine Eisbar. Sie heißt: „Luicella's – eine Kugel Lebensfreude".

„Guten Tag. Ich heiße Hauke Wutt. Ich lebe im Wald. Ich lerne Polnisch. Mir ist kalt. Danke und auf Wiedersehen.“

HAUKE WUTT, *Żytkiejmy (Polen), TV-Cutter.* Am 13. Juli 2014 verlässt der 38-jährige Hauke Wutt wortlos seinen Arbeitsplatz beim Norddeutschen Rundfunk Hamburg und fährt in die Puszcza Rominncka, in ein riesiges Wald- und Heidegebiet im polnisch-russischen Grenzgebiet. Wutt schlägt sein Zelt in der Nähe der Ortschaft Żytkiejmy auf und lebt fortan von Erspartem, Waldfrüchten und frischem Tieraas. In Hamburg wird er – laut Polizeiangaben – nicht vermisst. Am Abend des 14. Oktober 2014 betritt Wutt – groß, blond, Funktionskleidung – das Lokal „Budka“ in Żytkiejmy. Die wenigen Gäste starren gebannt auf den übergroßen Flatscreen: Fußball, Polen gegen Deutschland. Zunächst nimmt niemand Notiz von Wutt, der Tee und nacheinander vier Stück Buttercremetorte bestellt, ansonsten aber den ganzen Abend schweigt. Polen gewinnt zwei zu null. In ihrer ausgelassenen Heiterkeit widmen sich die Gäste schließlich dem fremden Gast. Der aber bleibt weiterhin stumm. „Wer sind Sie und woher kommen Sie?“ Wutt schweigt. Die anwesenden Waldarbeiter vermuten, dass „mit dem irgendwas nicht stimmt“, er würde auch „nach Hirsch riechen“. „Und nach Buttercremetorte“, versucht der Wirt die unheimliche Situation aufzuheitern. Doch Wutt schweigt weiter. Als dann einer der Gäste erwägt, „doch lieber die Polizei zu rufen“, antwortet Wutt, ganz leise und auf Kinderpolnisch. Dann verschwindet er hinaus in die Nacht.

„Robinson, der rationale Fleißmensch, der sich planmäßig aus dem absoluten Nichts eine behagliche Welt schafft und nebenbei den Eingeborenen ‚Freitag' durch Handel und Arbeit zu bürgerlichen Verhaltensweisen zivilisiert. Mein Respekt."

MARCELLO ORTEGA, *Moskau (Russland), Student.* Im Bewerbungsbogen für die „Moscow International Higher Business School" wurde der 18-jährige Marcello Ortega auch nach seiner ganz persönlichen Motivation befragt, das Studium der Betriebswirtschaftslehre beginnen zu wollen. Und auch das hatte er mit Bravour gemeistert. Alles stimmte: die Noten, die Qualifikation und eben auch die überaus originelle Motivation. Aus 1.289 Bewerbern wurden nur 60 ausgewählt, weltweit. Marcello Ortega war jetzt einer von ihnen. Aber er hatte – das musste er sich eingestehen – ein wenig gemogelt. Denn seine wahre Motivation war eine andere, viel blödsinnigere. Es war dieser Scherz, den sie unter Freunden und in der Familie immer machten: Bist Du ein Abkömmling „Freitags" oder doch „genetischer Robinson"? Diesem Quatsch wollte er endgültig das Wasser abgraben. Sein Großvater war da noch gelassener – der war immer gerne ein „Freitag". Aber der Großvater war auch noch Marxist. Ortegas Familie lebt seit Generationen auf der chilenischen Insel Isla Más a Tierra, weit draußen im Südpazifik. Auf dem Eiland lebte im 18. Jahrhundert der schottische Seefahrer Alexander Selkirk über Jahre in völliger Einsamkeit. Selkirk gilt als der „historische Robinson", als Vorlage für Defoes epochalen Roman *Robinson Crusoe*.

„Ein höheres Level.“

UNBEKANNTER MANN, *Kaohsiung (Taiwan), Gamer.* Ein 32-jähriger Mann bricht nach fünf Tagen, die er in einem Internetcafé ununterbrochen vor dem Computer saß, tot zusammen. Nach Meinung der Ärzte aufgrund „exzessiven Computerspiels": Er sei verhungert und verdurstet, das Herz versagte schließlich. Der Tote hockt dann noch einen weiteren Tag vor dem flimmernden Bildschirm, ohne dass es jemand bemerkt. „Er ist ja auch sonst öfters vor dem Rechner eingeschlafen", sagt gleichgültig ein Angestellter des Cafés. Sein Avatar indes lebt noch. „Im Ranking noch immer ganz weit oben", so der Angestellte.

„Sie fürchten das Licht.“

GREG SMITH, *New York City (USA), Investmentbanker.* Greg Smith, Absolvent der Stanford-University, ist im Jahr 2000 einer der 75 Auserwählten, die am berühmt-berüchtigten „Open-Meeting“ teilnehmen dürfen, einem Trainingscamp für den Goldman-Sachs-Nachwuchs: ein Konferenzraum im 30. Stock der Bank, 125 Broad Street, Lower Manhattan, New York City. Vorne sitzt ein Goldman-Sachs-Manager mit einer Namensliste, willkürlich ruft er Namen auf und stellt Fragen. Die Aspiranten müssen auf Zack sein und hellwach. Die Lehrveranstaltung beginnt immer Punkt 18 Uhr, wer nur drei Minuten zu spät kommt, wartet den Rest des Meetings draußen. Kommen zu viele zu spät, treffen sich alle am nächsten Tag erneut, um fünf Uhr morgens. „Goldman Sachs nahm seine Unternehmenskultur sehr ernst. Eindringlich wurde uns beigebracht, den Kunden keinen Mist zu erzählen. Uns wurden faire Beratung und absolute Kompetenz eingebläut.“ Goldman Sachs ist ein Mythos. Eine Bank, die nur die Besten aufnimmt und unermesslichen Reichtum verspricht. Greg Smith besteht das Trainee-Programm, wird Goldman-Sachs-Banker, arbeitet sich weit nach oben. Nach zwölf Jahren ist er Leiter der Abteilung US-Aktienderivate in Europa, dem Nahen Osten und Afrika. Er hat es geschafft. Jahresgehalt: 1 Million US-Dollar. Am 14. März 2012 veröffentlicht die *New York Times* einen offenen Brief von Greg Smith: „Heute ist mein letzter Tag bei Goldman Sachs. Nach fast zwölf Jahren habe ich einen guten Einblick in das Unternehmen, in seine Kultur, seine Leute, seine Identität. Ich muss ehrlich sagen: Der Laden ist mittlerweile so giftig und so zerstörerisch, ich habe so etwas noch nie erlebt. Ich bitte Sie: Kehren Sie zurück zu Ihren alten Werten! Leute, die nur an das schnelle Geld denken, verspielen das Vertrauen der Kunden. Und damit schädigen Sie das gesamte Unternehmen.“ Er gibt noch ein Interview: Zyniker hätten bei Goldman Sachs die Oberhand gewonnen. „Ich glaube, dass es ziemlich skandalös ist, wenn Kunden systematisch überteuerte Produkte angedreht werden.“ Dann räumt er seinen Schreibtisch und geht. Goldman Sachs bleibt vergleichsweise gelassen: Smith sei ein überambitionierter und nur mittelmäßig begabter Mitarbeiter in Midlife-Crisis.

„Was hilft Menschen gegen Kopfschmerzen, die genauso sind wie ich?“

DAVE P. KOWALSKI, *Sheffield (England), Personal Trainer und Betreiber eines Webportals.* Anfangs war es nur ein kostenintensives Hobby: Der Personal Trainer Dave P. Kowalski experimentiert schon seit geraumer Zeit mit diversen elektronischen Geräten und Programmen, um seine Körperdaten möglichst vollständig zu erfassen. Schrittzähler, Fitnessarmband, sogar eine Schlafsonde legt sich der sportlich-attraktive Mittvierziger an. Über die Zeit kamen diverse Smartphone-Apps hinzu, neuerdings auch zwei der sogenannten Smartwatches. Kowalski ist ein überzeugter Anhänger einer Bewegung, die unter dem Namen „Quantified Self" bekannt geworden ist. Der Grundgedanke dieser „Self-Tracker": Wir wissen zu wenig über unseren Körper, deshalb sammeln wir allumfassend Körperdaten, um uns besser kennenzulernen. Und so war Kowalski überrascht, als er seinen Schlaf vermessen hatte. „Damals sehr ineffizient. Heute benötige ich nur noch vier Stunden. Denn nicht die Länge des Schlafes entscheidet, sondern die Tiefschlafphasen." Daneben erhebt Kowalski auch seine Kalorienbilanz, führt Protokoll über die Länge und Intensität des täglichen Sports, ermittelt Körperfettanteil, Puls, Herzschlag, Stress usw. Es blieb jedoch nicht beim Sammeln und Auswerten der Daten. Mittlerweile ist der Sohn eines aus Wrocław (Polen) eingewanderten Bergarbeiters auch ständig online. Auf Kowalskis Webportal „Hello Doctor!" teilt er mit tausenden anderen Self-Trackern Gesundheitsdaten. Kowalski spricht von einem „neuen Bewusstsein für Gesundheit", von „Schwarmintelligenz in der Humanmedizin". Der Besuch eines Arztes sei für ihn nun viel seltener vonnöten: Er werte bei Problemen einfach die Daten vergleichbarer Menschen aus. „Was denen half, hilft meist auch mir."

„Die Sonne verschwindet hinter dem Wald. Sie wirft noch einige laue Strahlen, die als feurige Bänder den ganzen Wald durchschneiden und die Wipfel der Föhren mit leuchtendem Gold überfluten. Dann verlöschen die Strahlen einer nach dem anderen; nur der letzte verharrt noch lange; er drängt wie eine feine Nadel durch das Dickicht der Zweige; nun ist auch dieser erloschen.“

GALINA STEPANOWA, *Kaliningrad (Russland), Stadtplanerin.* Auf die Frage, ob sie gerne in Kaliningrad lebe, in dieser russischen Exklave an der Ostsee, die derzeit schwer getroffen ist von den Sanktionen gegen das Mutterland, antwortete die 34-jährige Galina Stepanowa, dass sie sich nach Dienstschluss immer sofort nach Hause in ihre kleine 2-Raum-Plattenbauwohnung verkrieche, um dort für den ganzen Abend und die halbe Nacht in ihren Büchern zu versinken.

„Du musst das System verwirren, bevor es dich verrückt macht.“

DANA JABLONSKI, *Saco, Maine (USA), Aktivistin.* Dana hatte schon immer Angst davor, verrückt zu werden oder kriminell. Beides lag in ihrer Familie, wenn auch mit ihrer Großmutter mütterlicherseits (verrückt) und ihrem Urgroßvater väterlicherseits (kriminell) etwas entfernt. Nichts deutete in ihrem Leben (College, Studium der Soziologie, feste Anstellung, fester Freund) darauf hin, dass sich ihre Befürchtung einmal bewahrheiten sollte. Bis es sie vor fünf Jahren kalt erwischte. Es war Abend, sie saß am Rechner, um etwas einzukaufen. Wie üblich schlug ihr der Online-Händler Dinge vor, die ihr gefallen könnten. Dana geriet ins Stocken. Sämtliche Vorschläge gefielen ihr. Sie spürte sogar ein tiefes Verlangen nach ihnen. „Bin ich so durchschaubar, dass man mich errechnen kann?" Sie wollte verstehen, wie das Ganze funktionierte. Als sie in ihrer Suchmaschine ein „A" eingab, wurde es sogleich zu „Algorithmus" vervollständigt. Und da war sie wieder, ihre Angst, verrückt zu werden. An diesem Abend beschloss Dana Jablonski, eine andere zu werden. Sie wollte der Kontrolle dieses Systems entkommen. Einen Moment lang überlegte sie unterzutauchen, doch das war kaum möglich, ohne kriminell zu werden. Dana Jablonski behielt also ihren Namen. Aber das, wofür er stand, sollte nicht mehr errechenbar sein. Dana beschloss, nur noch Dinge zu tun, die sie nicht mochte, Sachen zu kaufen, die sie nicht brauchen würden. Sie postete Meinungen, die nicht die ihren waren, und bewertete und likte zu jeder Gelegenheit entgegen ihrer Neigung. Dies alles war schwere Arbeit, sodass es in ihrem Leben kaum noch Raum gab für Beruf, Freundschaft, Liebe. Und auch in ihrer Wohnung blieben ihr nur noch schmale Wege zwischen all dem Bestellten. Doch Dana wusste: Jedes dieser unausgepackten Pakete war ein Irrtum über sie. Sie hatte es geschafft. Sie war frei.

„Seit meinem Tod geistere ich wie eine Untote durch die Medien.“

LUCIA MAURO, *Aufenthalt unbekannt, Schauspielerin und Sängerin.* Ihr Unglück war nicht der Untergang der „Espírito Santo", sondern dass sie sich überhaupt auf dem Schiff befand. Lucia Mauro, schon seit ihrer frühen Jugend ein gefeierter Star und bekannt aus zahlreichen Telenovelas, Kinofilmen und der brasilianischen Ausgabe des *Playboy*, hatte ihren wirklichen Durchbruch mit „Lágrimas Como Pedras" gehabt, noch immer eines der meistgespielten Lieder ihres Landes. Es folgten zwei Alben und einige Tourneen. Mit zunehmendem Alter verblasste jedoch ihr Ruhm. Sie begann zu trinken und unterzog sich Entziehungskuren und Schönheitsoperationen. Hoch verschuldet überredete ihr Manager sie 2008 zu dem Engagement auf dem Kreuzfahrtschiff. Sie ekelte sich vor jedem Auftritt. Als in der Nacht zum 6. Juni die „Espírito Santo" vor der Küste Trinidads mit einem Tanker kollidierte, musste das Schiff evakuiert werden. Während Lucia in ihrer Jugend nicht unbehelligt auf die Straße hatte gehen können, erkannte sie nun auf dem Rettungsboot niemand. In derselben Nacht sank die „Espírito Santo", und Lucia tauchte unter. 17 Passagiere und vier Bordmitglieder wurden in den nächsten Tagen tot geborgen, 15 weitere vermisst, unter ihnen Lucia. Nach einer Woche zählte man auch sie zu den Opfern des Unglücks. Die Radios hörten nicht auf, ihr Lied zu spielen. „In unseren Herzen wird sie niemals sterben", hieß es immer wieder auf ihrer Fanseite. Lucia Mauro nahm sich unter falschem Namen ein Zimmer in einer Pension in San Fernando (Trinidad). Abends sah sie sich auf TV Globo die Wiederholungen ihrer Filme und Konzerte an und beschloss – sollte sie ihren zehnten Todestag noch erleben – sich das nicht noch einmal anzutun.

„Um zu wachsen, sollten wir uns beschneiden, wie die Bäume.“

CARLO DEL NERO, *L'Aquila (Italien), Hotelier.* Sein Geschäft ist die Stille. Auch wenn er das nicht gerne hört. Carlo del Nero will mit seinem „Hotel der Stille" die Welt verbessern, nicht Geld verdienen. Das hat er in seinem Leben schon reichlich getan. Als Werber betreute er mit seiner Mailänder Agentur seit Anfang der 90er Jahre die großen italienischen Unternehmen: UniCredit, Fiat, Edison. Bis es 2008 nicht nur zur Finanz-, sondern auch zur persönlichen Krise kam. Wozu nach Indien und Südostasien fahren, um zu sich zu kommen? Auch Italien verfügt über die spirituelle Tradition des Rückzugs: die Klöster. Del Nero beschloss, selbst eines zu gründen. In den Abruzzen erwarb er die Ruine eines Zisterzienserklosters und baute es im alten Grundriss wieder auf. Die Zellen wurden zu Hotelzimmern, der Kreuzgang zum Yoga-Studio. Seinen Gästen empfiehlt del Nero für den Aufenthalt, den mönchischen Ordensregeln zu folgen: Keuschheit, Armut, Gehorsam. Zumindest eine Regel muss jeder strikt einhalten. Das Hotel ist ein Ort innerer Einkehr, in dem nicht gesprochen werden darf. Schon nach drei Wochen ohne Telefon, Computer und Gespräch wäre es den meisten Gästen wieder möglich, ihre innere Stimme zu hören. Del Nero selbst hat vor einem halben Jahr zuletzt gesprochen. Allerdings sieht man in seiner Zelle abendlich das blaue Licht eines Monitors. Carlo del Nero ist weiterhin in den sozialen Medien aktiv. „Ein bisschen Werbung muss schon sein", postet er.

„Sie haben eine Umgehungsstraße nach mir benannt.“

RAINER BOLLMANN, *Eckernförde (Deutschland), Buchhändler.* Die Eckernförder kamen gerne in seinen Laden, um zu klönen und Handzettel für ihre Lesekreise und Yoga-Kurse aufzuhängen, ihre Bücher bestellten sie aber online. 2010 bot sich Bollmann die große Chance. Die Stadt bewilligte eine Umgehungsstraße, wofür das Haus der alten Familienbuchhandlung weichen sollte. Man hätte ihn als Hausbesitzer womöglich enteignen können, doch stattdessen machte man ihm ein lukratives Kaufangebot. Von dem Geld wollte er eine Eigentumswohnung auf Madeira (Portugal) erwerben und die Zeit bis zur Rente überbrücken. Doch Rainer hatte die Rechnung ohne die Eckernförder gemacht. Eine Bürgerinitiative gegen die Umgehungsstraße wurde gegründet und der Buchhändler zu ihrem Säulenheiligen erklärt. „Rettet Rainer", lautete die Kampagne. Es kam zu Demonstrationen, Mahnwachen, Flugblattaktionen. Die ganze Wut der Bürger richtete sich gegen die Umgehungsstraße. Dabei war sie durchaus nötig, um den Lieferverkehr aus der Stadt zu halten. Und der wiederum war angestiegen, wegen des zunehmenden Online-Handels. Rainer Bollmann nahm das Geld heimlich und verschwand. Der Protest ebbte langsam ab. Auch nach Bau der Umgehungsstraße gibt es noch immer einige Unverbesserliche, die glauben, Rainer sei zwangsenteignet worden. Sie stellen aus Protest Straßenschilder mit seinem Namen an der Umgehungsstraße auf. Rainer genießt das Klima auf Madeira. Das Brot schmeckt fürchterlich, und seine Bücher muss er online bestellen.

„Modern und preisberühmt.“

MARGARETHE KÖSLER, *Klostermansfeld, Sachsen-Anhalt (Deutschland), Drogistin.* Der schwäbische Unternehmer Anton Schlecker erhielt für seine unternehmerischen Leistungen und seine großen Expansionserfolge 1992 den „Branchen-Oskar" des deutschen Einzelhandels: eine Trophäe namens „Goldener Zuckerhut". Der Liebhaber schneller Sportwagen hatte seit 1991 besonders in Ostdeutschland seine Expansionen vorangetrieben. Und so wurde auch aus der kleinen Drogerie in Klostermansfeld ein Schlecker-Drogerie-Discounter. Margarethe Köslers Fähigkeiten und Erfahrungen als ausgebildete Drogistin waren mit der Übernahme durch Schlecker nicht mehr vonnöten, vielmehr ging es jetzt darum, möglichst viele Waren in den kleinen Laden zu stopfen. Es gab, so Kösler, „auch niemanden mehr, der Tees, Essenzen und Tinkturen benötigte", stattdessen wurden jetzt gebraucht: „Meister Proper, Yes-Torty und 5-lagiges Klopapier". Der Laden erwies sich als wahre Goldgrube. Trotzdem entließ das Unternehmen 1999 eine Kollegin, „betriebsbedingt". Nunmehr sollten zwei Frauen die Arbeit von dreien erledigen. Weil das nicht immer befriedigend funktionierte, wurde 2001 eine neue Bereichsleiterin zu den beiden Frauen entsandt. Sie baute Druck auf: „Ohne korrekten Umsatz muss der Laden geschlossen werden, leider." Ab 2005 sanken trotzdem die Umsätze. Margarethe Kösler wurde dafür verantwortlich gemacht. Ihren Hinweis auf das „Wegsterben der Alten im Dorf und das Ausdünnen der gesamten Region" ließ die Bereichsleiterin nicht gelten. Ebenso wenig wie den Hinweis auf die schöne, geräumige Filiale des Konkurrenten Rossmann im Nachbarort. Nein, Kösler habe bitte länger zu arbeiten. Das Diensttelefon müsse gesperrt werden, nur die Verbindung zur Firmenzentrale bliebe frei. Toilettenbesuche während der Arbeitszeit sollten – nach Möglichkeit – künftig vermieden werden. Außerdem würden fortan unangemeldete Taschenkontrollen durchgeführt. Am 31. August 2009, einem Montag, klingelte morgens um sechs Uhr der Wecker. Aber Margarethe Kösler konnte nicht mehr aufstehen. Ihre Beine bewegten sich nicht, sie konnte nicht mehr sprechen, sie weinte. Ihr Mann kochte erst Kräutertee, rief dann den Notarzt. Margarethe Kösler wurde in die Psychiatrie nach Magdeburg gebracht. Ihren Dorfladen hat sie nie wieder betreten. 2012 ging Schlecker insolvent, alle Läden in Deutschland wurden geschlossen.

„Ich möchte lieber nicht arbeiten.“

ROY MANKWART, *Berlin (Deutschland), arbeitslos.* Studiert hat er Kunst, seine Leidenschaft gehörte der Noise Musik, sein Geld verdiente er mit Webdesign. 2005 erkennt Mankwart, dass ihn das alles nicht weiterbringt. Er beschließt, gar nicht mehr zu arbeiten und das gerade eingeführte Arbeitslosengeld II in Anspruch zu nehmen. Als ihn aber die Gängelungen des Jobcenters nerven, will er sich ohne Unterstützung durchschlagen. Roy kann seine Wohnung nicht mehr bezahlen, er stellt seine Sachen in einem Atelierhaus befreundeter Künstler unter, wo ein winziger fensterloser Lagerraum frei wird. Bald merken die Freunde, dass Mankwart zwischen den gestapelten Möbeln wohnt. Auch wenn sie selbst nicht viel haben, füttern sie ihn durch, geben ihm vom Mittagessen ab, überlassen ihm das Pfandgut. Sei es Veranlagung, sei es der Lichtmangel, Mankwart wird allmählich depressiv. Ohne Krankenversicherung beginnt er, sich von seinem Besitz zu trennen, um die Medikamente zu bezahlen. Er wird Powerseller seiner Habseligkeiten und verkauft seine CDs, Möbel und Bücher im Netz. Sein Raum leert sich, doch immer seltener verlässt er das Kabuff, bis er die Türe gar nicht mehr öffnet. Keiner der Künstler traut sich, nach ihm zu sehen. Aber unter dem Türschlitz ist gelegentlich Licht zu erkennen.

„Meine wichtigste Reise."

SARAH MEZOUED, *Paris (Frankreich), Bloggerin.* Das Abenteuer liegt in der Familie. Ihr Vater hat mit dem Rad die Welt umrundet und darüber Lichtbildvorträge gehalten. Sarah entschied sich für eine zeitgemäße Form. Sie bloggt, und das sehr erfolgreich. Mit ihrem ersten Blog *100 Nächte, 100 Männer*, in dem sie den Versuch unternimmt, jede Nacht in einem anderen Bett zu schlafen, sorgt sie in Frankreich für Furore. Der Bericht erscheint in Buchform, und mit ihren 23 Jahren ist sie gern gesehener Gast in zahlreichen Talkshows. Mit *La Forage* (*Die Bohrung*), über ihren einmonatigen Aufenthalt auf einer Nordsee-Bohrinsel, gelingt ihr ein Anschlusstreffer. In *La Frontière* (*Die Grenze*) begibt sie sich nun auf die Flüchtlingsroute aus dem Benin nach Europa. Ihre algerische Abstammung, die in mehreren Lagen getragenen Kleider sowie ein Kopftuch helfen bei der Tarnung. Sie schreibt über die Gastfreundschaft in Burkina Faso, über die harte Reise durch das umkämpfte Mali, die Diebstähle unter den Flüchtlingen, über Schlepper, die sie in der Westsahara ohne Trinkwasser aussetzen, sodass sie in ihrer Not ihren eigenen Urin trinken muss. Sarah gelangt nach Marokko, wo sie sich in Tanger ein paar Tage Auszeit am Meer gönnt. Als sie die Flüchtlingsroute vor der spanischen Enklave Ceuta wieder aufnehmen will, reißt der Blog ab. „Vier Meter trennen mich von meinem Ziel, doch die scheinen unüberwindbar", lautet der letzte Eintrag. Der Tagespresse ist zu entnehmen, dass bei dem Versuch, Ceuta schwimmend durchs Meer zu erreichen, Anfang März 16 Menschen ums Leben gekommen sein sollen. Sarahs Vater ist ihr bereits nachgereist. Seit dem Erfolg seiner Tochter twittert auch er: „Ich werde bleiben, bis ich #SarahMezoued gefunden habe."

„Land der dunklen Wälder und kristall'nen Seen, über weite Felder, lichte Wunder geh'n …"

ALOIS FREIHERR VON LINTBLATT, *Hageböк (Deutschland), Hausmeister.* Ein Leben voller Bestrafungen: 1933 geboren in Tilsit, Ostpreußen (heute Sowjetsk, Kaliningrader Oblast, Russland), Sohn eines prügelnden Gutsbesitzers, 1939 Beginn des Zweiten Weltkriegs, 1943 Tod der beiden Schwestern beim Bombenangriff auf Tilsit, 1944 Übersiedlung nach Königsberg (heute Kaliningrad, Russland), dort Selbstmord des Vaters. Im Frühjahr 1945 mit der Mutter Flucht über die Ostsee, nach Sassnitz (Rügen), dort Bombardement des Hafens, die Mutter stirbt, er selbst überlebt schwer verwundet. Lintblatt kann seitdem nicht mehr sprechen. Einweisung in ein Kinderheim nach Wismar (Mecklenburg). Er hat „Heimweh", so heftig, dass er über Jahre sediert wird. Dann Besuch einer Hilfsschule in Wismar. 1951 erwägt er kurzzeitig, in den Westen zu fliehen, bleibt aber aufgrund seiner Behinderung in der DDR. 1952 dann eine Hausmeisterstelle in Hagebök (Mecklenburg), Alkoholsucht. Lintblatt bleibt allein, sein Leben lang. 1976 kurzzeitig in Haft wegen Trunkenheit am Steuer. 1977 erfolgreicher Alkoholentzug, 1985 wird Lintblatt im polnisch-russischen Grenzgebiet aufgegriffen, wohl auf dem Weg nach Tilsit. Er wird für drei Tage in einer polnischen Grenzstation festgesetzt, stumme Tränen, drei Tage lang. Die Grenzer gruseln sich. Dann zurück in die DDR, dort sofort in die Psychiatrie, Behandlung einer schweren Depression, 1986 Verurteilung zu einer Geldstrafe wegen illegalen Grenzübertritts in die UdSSR. 1992, nach Öffnung des Kaliningrader Gebietes für Touristen, nimmt Lintblatt all sein Erspartes und bucht für 2.499 D-Mark in einem Hamburger Reisebüro „die große Ostpreußen-Reise". Erstmals seit 1945 verspürt er so etwas wie Glück. Er kann wieder sprechen: ein schweres, eigentümliches Ostpreußisch. Am 8. März 1993, an seinem 60. Geburtstag, wartet der Hausmeister Alois Freiherr von Lintblatt an der Bushaltestelle Hagebök auf den Reisebus nach Ostpreußen, im Gepäck das Tagebuch der Mutter, Tränen wieder, diesmal des Glücks. Er steht da drei Stunden. Der Bus kommt nicht. Lintblatt geht zur Telefonzelle, ruft im Büro des Reiseveranstalters an. Die Nummer ist nicht vergeben. Dann ruft er die Polizei an, der Beamte fragt lapidar: Wie kann man denn nur so naiv sein? Man könne doch niemals einem Bundesdeutschen trauen. Lintblatt geht schnurstracks in den Dorfladen, kauft eine Flasche Korn, geht heim, trinkt. Das tut gut. Dann erhängt er sich.

„Sie behandeln uns wie Scheiße.“

STEFAN GRIMM, *London (Großbritannien), Pharmakologe.* Mit 51 Jahren steht der renommierte Pharmakologe am Zenit seiner Karriere. Insbesondere in der molekularbiologischen Erforschung von Antikrebsgenen macht er sich international einen Namen. Der Ruf ans Imperial College London (ICL) war eine plausible Folge. Dennoch schreibt der aus Deutschland stammende Grimm nach zwölf Jahren Forschungstätigkeit am ICL in einer letzten Mail: „Habe ich bereut, hierhergekommen zu sein? Ich habe den Austausch und die Zusammenarbeit mit meinen Kollegen enorm genossen. Aber wie viele von ihnen bin ich in die Falle gegangen, die Reputation der Wissenschaft hier mit der gegenwärtigen Realität zu verwechseln. Dies hier ist keine Universität mehr, sondern ein ‚Business' mit ganz wenigen oben, die den Profit einfahren, während der Rest von uns gemolken wird für Geld, seien es Professoren für ihr Drittmitteleinkommen oder Studenten, die 100 Pfund zahlen müssen, nur um ihre Dissertationsberechtigung zu verlängern. Die Wirklichkeit ist, dass die Karrierewissenschaftler an der Spitze dieser Organisation nur nach den Zahlen ihre Kollegen taxieren, sei es nach Impact-Faktoren oder Drittmittelerwerb. Drittmittelerwerb ist alles, was hier zählt, nicht der wissenschaftliche Output. Was die Burschen nicht wissen, ist, dass sie Leben zerstören. Nun, sie haben sicher mein Leben zerstört." Stefan Grimm schickt diese Mail an seine Kollegen und setzt am 25. September 2014 seinem Leben ein Ende.

„Wachsen als Selbstzweck ist kein Gesellschaftsmodell. Was soll daran zukunftsträchtig sein, sich in einem Hamsterrad abzustrampeln? Ich wollte eine Gesellschaft, in der man ernsthaft über solche Fragen diskutiert; stattdessen wurde die DDR ins politische System des Westens integriert, ohne dieses infrage zu stellen. Aber nach 20 Jahren neoliberalem Kapitalismus können wir nicht so weitermachen wie bisher. Ich habe lange außerhalb von Deutschland gelebt. Als ich im vergangenen Jahr zurückkam, fiel mir auf, dass die Beziehungen zwischen den Menschen kälter geworden sind. Die Leute haben schicke Sachen an, aber leere Gesichter."

BÄRBEL BOHLEY, *Berlin (Deutschland), Bürgerrechtlerin und Malerin.* Die wohl bekannteste Oppositionelle der DDR verließ 1996 Berlin, um in Bosnien-Herzegowina Unterkünfte für Flüchtlinge zu bauen. 2008 kehrte sie in ihre alte Wohnung nach Berlin-Prenzlauer Berg zurück. 2010 starb sie an Krebs.

„Heute morgen bin ich mit einem neuen Namen aufgewacht: Wolfking Awesomefox.“

EDWARD SNOWDEN, *Moskau (Russland), Whistleblower.* Auf *ars technica*, einem Newsportal, das sich vor allem an Gamer richtet, äußert sich Snowden seit 2001 in verschiedenen Threads unter dem Namen TheTrueHOOHA. Unter anderem bespricht er „Max Payne 2“, ein Third-Person-Shooter-Spiel über einen New Yorker Polizisten, der alleine gegen eine große Verschwörung kämpft. 2008 kündigt er in dem Forum an, seinen Usernamen zu ändern. Zu dieser Zeit ist er für die CIA in Genf tätig. Einem seiner Vorgesetzten fällt auf, dass sich Snowden Zugang zu geheimen Dokumenten verschafft hat, und er wird 2009 wieder in die USA versetzt. 2013 taucht er unter und wird mit seinen Enthüllungen über die Praktiken der NSA weltberühmt. Auf die Frage des Journalisten Glenn Greenwald, was ihn in seinem Leben zu seinem moralischen Handeln gebracht habe, antwortet Snowden in seinem Hongkonger Hotel: „Videospiele.“

„Im Entfremdungsprozess entfremdeter Arbeit entfremdet sich der Arbeiter nicht von der Arbeit, sondern von sich selbst. Eher vernichtet er sich als das System, das ihn entfremdet hat.“

GREGOR SEMMLER, *Mallorca (Spanien), Drehbuchautor.* Er sitzt in seiner Finca auf Mallorca mit toller Aussicht. Perspektiven hat er aber keine mehr. Als Drehbuchautor war er gut im Geschäft. Komödien, Krimis, Romanzen, er beherrschte alle Genres. Und im Gegensatz zu einigen seiner Kollegen wurde er nicht mal von Schreibblockaden geplagt. Ihm fiel zu allem etwas ein. Allerdings vermied es Semmler, die Ergebnisse seiner Arbeit anzusehen. Als er durch Zufall einmal in einen seiner Filme hineingeriet, erschauderte er. Nicht, dass seine Arbeit handwerklich schlecht gewesen wäre. Im Gegenteil, sie funktionierte. All die Verwicklungen seiner Figuren wurden raffiniert und glaubhaft aufgelöst. Alle Konflikte und Abgründe führten am Ende glücklich in die große Weltversöhnung. Das entsprach seit jeher den Sehgewohnheiten der Massen. Doch mit einem Mal hatte Semmler keine Lust mehr, versöhnlich zu schreiben. Er begann, die eigene Arbeit zu sabotieren, zunächst subtil, bis er schließlich in seinen Drehbüchern immer unversöhnlicher wurde. Nach nicht mal einem Jahr buchte ihn niemand mehr. Noch reichen die Rücklagen. Wovon Semmler in zwei Jahren leben wird, ist ungewiss.

„Ich habe diese Entscheidung nicht getroffen, um ein Held zu sein."

ANDRÉ SHEPHERD, *Chiemsee (Oberbayern, Deutschland), Deserteur der US-Armee.* Mitte 2006, nach seinem ersten Einsatz im Irak, stationiert im fränkischen Katterbach (Deutschland), erfährt der US-Soldat André Shepherd von Folter, von Abu Ghraib, von tausenden getöteten Zivilisten. Bis dahin glaubte er, dass die Amerikaner im Irak nur für das Gute stünden. Am 11. April 2007 setzt sich Shepherd nach Oberbayern ab und beantragt Asyl: Sein Gewissen verbiete es ihm, an einem völkerrechtswidrigen Krieg teilzunehmen. Auf die Frage der Behörden, warum er denn überhaupt zur Armee gegangen sei, antwortet er: Aus Armut, nichts habe er mehr besessen, nachts musste er im Auto schlafen. Ein Rekrutierer packte ihn damals bei der Ehre: „Shepherd, willst du endlich was für dein Land tun?"

„Ich bin noch fit, aber es wird jetzt immer kälter und langweiliger, besonders nachts.“

DANIEL BARANIUK, *Danzig (Polen), arbeitsloser Maschinenschlosser.* Nach 196 Tagen steigt er zum letzten Mal die Leiter von seinem 2,50 Meter hohen Pfahl im Heide-Park Soltau hinunter. Der 25-jährige Pole ist neuer Weltmeister beim 6. Pfahlhock-Marathon geworden. Der Eintrag ins Guinness-Buch der Rekorde ist ihm sicher: Mit enormer Ausdauer und Körperbeherrschung hat Baraniuk bei Hitze, Kälte, Wind und Wetter den Weltrekord des Schwaben Roland Maier aus dem vergangenen Jahr um zwölf Tage übertrumpft. Viele polnische Besucher im Heide-Park hätten ihn durch Unterhaltungen bei Laune gehalten. Aber auch unter den Kontrahenten sei man kollegial miteinander umgegangen. So hätte sein Nachbar Hermann Kümmerlehn aus Leer (Ostfriesland) sogar versucht, ihm Deutsch beizubringen. Bis er eines Nachts einschlief und von seinem Pfahl fiel. Baraniuk winkt nun ein Preisgeld von 22.800 Euro, von dem der Arbeitslose ein Haus für sich und seine Familie in der Heimat bauen will. Abgesehen von der Auszeichnung hat er umgerechnet einen Stundenlohn von 4,70 Euro verdient. „Mehr als mein Arbeitslosengeld", meint der Pole.

„Hoch das Ding!“

MARCUS STEPHEN, *Nauru, Gewichtheber.* Die Südseeinsel Nauru ist mit nur 10.000 Bewohnern die kleinste Republik der Welt. Das Land verfügte einst über immense Vorkommen hochwertigen Phosphats – sie wurden zunächst ausgebeutet von den Deutschen, dann den Engländern, schließlich den Australiern. 1968 dann die Unabhängigkeit: Die nauruische Regierung verstaatlichte den gesamten Phosphatschatz und verteilte die Gewinne auf die Einwohner. Nauru wurde – gemessen am Pro-Kopf-Einkommen – zum reichsten Land der Welt. Die Inselbewohner waren ab den 1970er Jahren so wohlhabend, dass sie nicht mehr arbeiten mussten. Das erledigten chinesische Gastarbeiter. Der Staat, reich wie er war, verzichtete gänzlich auf Steuern. Er spendierte seinen Bürgern eine medizinische Vollversorgung und eine Putzkraft für jeden Haushalt. Laut Aussage einer nauruischen Grundschullehrerin blieben die Menschen damals „einfach lange im Bett", drehten dann nachmittags mit einem ihrer Jeeps eine Runde auf der einzigen, 29 Kilometer langen Dorfstraße und kehrten dann in eines der neuen Fastfood-Restaurants ein. „Wenn der Tank mal leer war, wurde der Wagen einfach am Straßenrand stehen gelassen. Die Leute hier haben den Sinn für den Wert der Dinge verloren", berichtete sie. Über die Jahre wurden die Nauruer immer dicker. Und dann versiegte mit Beginn der 1990er Jahre langsam die Phosphatquelle. Niemand hatte vorgesorgt, der Staat war bankrott, 95 Prozent der Bevölkerung waren übergewichtig, etwa 30 Prozent litten an Diabetes. Es gab nichts zu tun, der Boden ausgebeutet, das Leben langweilig. Der junge Marcus Stephen verließ die Insel, um in Australien zu studieren. Eigentlich wollte er nie wieder nach Nauru zurückkehren. Aber dann entdeckte er in einem australischen Fitnessstudio die ideale Sportart für – wie er es sagt – „kurze, dicke und kräftige Menschen": Gewichtheben. Er kehrte zurück und brachte gleich ein paar Hanteln mit. Stephen wurde sogleich Weltmeister und Trainer einer ganzen Nation. Heute ist Gewichtheben ein Volkssport auf Nauru. Marcus Stephen wurde nach dem Ende seiner Sportler-Karriere zum Präsidenten Naurus gewählt.

„Ein Kribbeln, das sich über den Körper zieht. Farben, Blitze und eine Stimme, die mir leise ins Ohr summt. Manchmal kann ich fliegen. Manchmal muss ich kotzen."

RAKEL TRYGGVADÓTTIR, *Wellington (Neuseeland), Studentin.* Sie wollte ihre Heimat Island verlassen, um im Ausland zu studieren. Sie ging so weit weg wie niemand aus ihrem Jahrgang. Vielleicht weil sie insgeheim hoffte, so ihrer Krankheit zu entkommen. Epilepsie haben alle in ihrer Familie: ihre Eltern, ihre Brüder. Bei ihren Großeltern hieß es noch, sie seien von Trollen verzaubert. Doch im dritten Semester ihres Designstudiums an der Universität von Wellington erwischte es auch Rakel zum ersten Mal. Ein kurzer Moment nur, in dem sie ausstieg und alles vergaß. Ein, zwei Sekunden, dann war sie wieder bei sich. Keiner ihrer Kommilitonen hatte etwas bemerkt. „Petit mal" heißen die Anfälle, und das Leid, das sie verursachen, ist in der Tat geringfügig. Bald kündigten sich die Aussetzer durch eine Aura an, die sich durchaus heftiger anfühlte. Doch Rakel gefallen die Anfälle sogar. „Sie machen mein Leben unberechenbar. Das mag ich."

„Sie soll sehen, was sie mir angetan hat. Tag für Tag."

AUDRIC BRIARD, *Lüttich (Belgien), Jurist.* Sie hatten einen Deal. Er würde sich ein Jahr lang um die Kinder kümmern, damit sie ihre Promotion in Medientheorie abschließen könnte, dann wollten sie tauschen, und er könnte sein zweites Staatsexamen machen. Doch Claire, seine Frau, tat sich schwer mit ihrem Thema: „Die Geschichte der Zeitlupe". Als das Jahr schon halb vorbei war, begann er zu helfen. Audric las sich in ihre Fachliteratur ein und begann, Spaß an der Sache zu bekommen. Mehr und mehr übernahm er die Arbeit an ihrer Promotion, bis er sie schließlich selbst schrieb. Immerhin wollte auch er nach seinem Jurastudium endlich ins Berufsleben einsteigen. Die letzten Jahre hatten sie von Stipendien und dem Geld ihres Vaters gelebt, der ihnen auch die Wohnung gekauft hatte. Audric wäre gerne zu Claires Verteidigung gegangen, immerhin hatte er die Doktorarbeit geschrieben und war stolz darauf. Doch sie wollte nicht. Nach bestandener Prüfung erfuhr er, warum. Claire hatte eine Affäre mit ihrem Doktorvater. Sie reichte die Scheidung ein. „Du lässt mir keinen Raum", war die einzige Begründung, die er aus ihr herausbekam. Claire schlug vor, sie könnten in den nächsten Jahren nach dem sogenannten Nestmodell leben. Die Kinder blieben in der gemeinsamen Wohnung, und die Eltern nehmen sich jeweils eine eigene und pendeln. Audric weigerte sich. Er war nicht mehr bereit zur Kooperation. Nicht nur, dass er wegen Claire ein ganzes Jahr verloren hatte. Nun wollte sie ihn auch noch aus der Wohnung haben. Nachdem ihr Vater ihn rausgeworfen hatte, baute Audric sich im Hof des Hauses eine Hütte aus Plastikfolien und Paletten, die er seither kaum noch verlässt. Jeden Morgen muss Claire mit den Kindern auf dem Schulweg an ihm vorbei. Das Scheidungsverfahren läuft. Audric Briard wird sich selbst vertreten.

„Sie können nicht schwimmen. Wenn sie ins Wasser fallen, ertrinken sie. Manchmal haben unsere Fischer Leichen in den Netzen.“

ANONYMOUS, *Lesbos (Griechenland), Offizier der Küstenwache.* Im Juli 2007, in einem geheimen Interview mit einer NGO, die sich für die Rechte von Flüchtlingen einsetzt, antwortet ein Offizier der griechischen Küstenwache auf die Frage nach dem genauen Einsatzbefehl lapidar: „Wir verteidigen hier die Grenzen Europas." Im weiteren Verlauf des Gesprächs wird er jedoch konkreter, ja, er schüttet geradezu sein Herz aus: „Wenn wir ein Flüchtlingsboot sehen, dann schicken wir sie zurück. Oder wir ziehen sie selbst zurück in türkische Gewässer. Dort setzen wir sie auf einer unbewohnten Insel aus. Es gab aber auch Fälle, da haben wir denen in Sichtweite der türkischen Küste die Boote zerstört. Wir haben in deren Schlauchboote kleine Löcher gestochen, jeder bekam ein Paddel, und los! Aber einmal, da haben sie das Ufer nicht mehr erreicht. Es war schlimm. Die Kinder schrien, die Mütter. Nach drei Minuten war Ruhe. Das lässt niemanden kalt." Auf Nachfrage des geschockten NGO-Mitarbeiters, ob er denn wenigstens Meldung über diesen grausamen Vorfall erstattet hätte, antwortet er: „Nein, denn ich habe Angst, ins Gefängnis zu kommen. Aber ich empfinde Reue und Scham." Am Ende des Interviews sagt er, dass er sich mit seinen Kameraden an Bord einig sei: Niemals wieder werden sie ein Flüchtlingsboot zurückschicken. „Trotz Befehl. Bei Gott."

„Wahnsinn. Die Antwort auf alle Fragen.“

PEADAR O'DONNELL, *County Mayo (Irland), Geologe.* Nach einer schlaflosen Nacht blieb er liegen und dachte, so kann es nicht weitergehen mit mir und der Welt. Beide hatten ähnliche Probleme. Er litt an Übergewicht, die Welt an Überbevölkerung. Die Ressourcen des Planeten waren aufgebraucht, seine eigenen ebenfalls. Zwar verfügte er über ein festes Gehalt, doch jedes Jahr musste er mehr arbeiten, um seine Familie über die Runden zu bringen. Der zunehmenden Monokultur der Erde stand die Monotonie ihres Kleinfamilienlebens gegenüber. Und so wie sich das Weltklima jährlich erwärmt und das Überleben der Menschheit bedroht, kühlte sich die Beziehung zu seiner Frau ab und gefährdete ihr Eheleben. Was also sollte er tun, um sich und die Welt zu retten? Zunächst kam er nur auf das Offensichtliche. Er müsste aussteigen aus dem System und aufs Land in eine Kommune ziehen, um neue Formen des gemeinschaftlichen Lebens und Arbeitens auszuprobieren. Die körperliche Feldarbeit als Selbstversorger würde ihn schlanker und glücklicher machen. Die Erziehung seiner Kinder könnte die ganze Gemeinschaft übernehmen. Und befreit von entfremdeter Arbeit und Stadtluft würde er seiner Frau wieder neu begegnen. Sein Leben wäre nachhaltiger, und im Rahmen seiner Möglichkeiten würde er dem Planeten weniger Schaden zufügen. Die Sache hatte nur einen Haken. Peadar O'Donnell war zu sehr Einzelkind, Individualist und Eigenbrötler, als dass er sich auf Dauer in eine Gemeinschaft einfügen wollte. Elternabende hielt er höchstens eine Stunde aus und Studienfahrten mit seinen Studenten nur, weil er das Sagen hatte. Peadar war bereits auf eine sympathische Landkommune im County Mayo gestoßen, in der mehrere Generationen ein verlassenes Gutshaus bewirtschafteten, als ihm die Lösung für sein Problem kam. Er wurde wahnsinnig, oder vielmehr gab er vor, es zu sein. In seiner Unberechenbarkeit stand es ihm frei, die Gemeinschaft zu verlassen oder ihre Nähe zu suchen, wann immer er wollte. War sein Handeln nicht von eben jenem Egoismus geprägt, an dem die Welt zugrunde ging? Keineswegs. Denn wenn er nach einem seiner gespielten Heulanfälle wieder die Nähe zu den anderen suchte und eine der hübschen Bewohnerinnen ihm tröstend die Haare kraulte, brauchte er nur ein breites Lächeln aufzusetzen, und schon fühlte sich das junge Ding glücklich und gebraucht.

„Nachts das Telefon nicht zu hören, das ist mein größter Albtraum."

ABBA MUSSIE ZERAI, *Aarau (Schweiz), Priester.* 1991 verließ der 16-jährige Abba Mussie Zerai sein Heimatland Eritrea, um in Italien seinen Vater zu besuchen. Zerai kam mit dem Flugzeug nach Rom, ausgestattet mit einem Touristenvisum. Er strandete: Der Vater wollte schon nach kurzer Zeit nichts mehr von ihm wissen. Zerai blieb trotzdem in Rom, illegal. Er schlug sich als Obst- und Zeitungsverkäufer durch, traf auf dem Bahnhof Termini zufällig einen britischen Priester, der sich seiner annahm, ihm bei der Beantragung eines Asylgesuches half, später gar einen regulären Job besorgte: Zerai arbeitete vier Jahre als Übersetzer für die katholische Kirche. Er studierte schließlich Theologie, wurde am Ende selbst ein Mann Gottes, 2010 wurde er in dieser Funktion in die Schweiz versetzt. Nebenbei half Abba Mussie Zerai – der sechs Sprachen spricht – immer wieder anderen afrikanischen Flüchtlingen, erst in Italien, dann in ganz Europa. Er gab seine Mobilfunknummer weiter. Sie ging von Hand zu Hand. Irgendwann kursierte diese Nummer auch in vielen Ländern Afrikas, man fand sie sogar eingeritzt in den Wänden libyscher Gefängniszellen. Heutzutage verlässt wohl kaum ein Flüchtlingsboot Nordafrika, ohne dass irgendwer Zerais Nummer dabei hätte. Der Priester wird geradezu verehrt, er gilt als Schutzpatron, der im Sturm direkt angerufen werden kann. Zerai lässt sich dann per SMS die letzten Koordinaten geben und kontaktiert die italienische Küstenwache, auch die europäischen Medien. Die italienischen Behörden schätzen, dass er bisher etwa 6.000 Menschen das Leben gerettet hat.

„This Land Is Your Land,
This Land Is My Land …“

PAUL HEWSON, *Sun Valley, Idaho (USA), Musiker.* Jedes Jahr im Juli kommen sie alle zusammen, die Visionären, die Reichen, die Mächtigen. Der New Yorker Banker Herbert Allen, Jr. lädt ein auf seine Ranch nach Sun Valley, Idaho: Warren Buffett, Bill Gates, Steve Jobs, Andy Grove, Eric Schmidt, Mark Zuckerberg, Larry Page, Rupert Murdoch. Um nur einige zu nennen. Aber auch Hollywood kommt: Tom Hanks, Candice Bergen, Ron Howard. Daneben: die wichtigsten Journalisten der großen Tageszeitungen und Magazine. Weiterhin: führende Politiker, Richter, Staatsanwälte. Die höchst informelle „Sun Valley Conference" dauert immer eine Woche. Man tauscht sich aus, man isst und trinkt gemeinsam. Alles abgeschirmt von der Presse. Niemand hat es je fotografiert, aber es gibt immer wieder Berichte: Traditionell erscheinen am ersten Abend alle Gäste in Westernkleidung. Hüte, Stiefel, Revolver. Sie kommen in altertümlichen Kutschen hinausgefahren zu einer entlegenen Pferdekoppel. Dort gibt es Lagerfeuer, Steaks und Bier. Eine Countryband spielt auf. Ihr Frontmann Paul Hewson ist schon seit 20 Jahren dabei. Einst kam er als bettelarmer Straßenmusiker von Dublin nach Manhattan, samt Frau und Kindern. Er wusste damals nichts Besseres, als sich ausgerechnet in die Wall Street zu stellen. Ein Jahr lang, bei Wind und Wetter. Was dann geschah, klingt wie ein Märchen: Herbert Allen, Jr. engagierte ihn schließlich als Musiker für seine Ranch in Idaho. Hewsons Familie zog sofort um. Paul Hewson wurde reich, sehr reich. Er spielt mittlerweile auf fast jedem Hollywood-Geburtstag, ausschließlich amerikanische Klassiker.

„Wir können das Gehirn abbilden. Aber gegen Dummheit ist nichts zu machen."

GÜNTER H., *Tübingen (Deutschland), Tierpfleger.* Er liebte seinen Beruf. Wenn er früher darauf angesprochen wurde, auf Familienfeiern oder im Sportverein, freuten sich die Leute. Tierpfleger, das war etwas Sympathisches. Günter H. verspürte aber auch Stolz, an einem großen Forschungsvorhaben teilzunehmen. Nikos Logothetis, einer der weltweit führenden Neurologen, hatte es am Tübinger Max-Planck-Institut fertiggebracht, das menschliche Gehirn vollständig im bildgebenden Tomografen abzubilden. Das ist, als könne man sämtliche Regentropfen eines Schauers auf einmal zählen. Ein großer Schritt in der Behandlung neurologischer Krankheiten. Und Günter H. hatte mit seinen Primaten dazu beigetragen. Sicher, die Tiere in Käfigen zu halten, war keine schöne Sache. Abgesehen davon, dass es ohnehin kaum noch Lebensräume für seine Affen gab, sie könnten in der Wildnis niemals alleine überleben. Alles begann mit einem neuen Kollegen, der sich im Auftrag der selbsternannten „Soko Tierschutz" heimlich bei ihnen eingeschlichen und Videoaufnahmen von blutenden Affenköpfen gemacht hatte. Die Bilder waren aus dem Zusammenhang gerissen. Nach dem Einsetzen neuer Messdioden waren bei einigen Tiere die Wunden nicht richtig verheilt, wurden aber sofort nach Entdecken tierärztlich behandelt. Dennoch, die Bilder machten schnell ihren Weg übers Netz ins deutsche Fernsehen. Mit einem Mal waren Günter H. und seine Familie in der Stadt nicht mehr sicher. Ladenbesitzer weigerten sich, ihn und seine Frau noch zu bedienen, seine Kinder wurden in der Schule mit Blut beschmiert, und an seiner Haustür stand eines Morgens: „Tiermörder, wir kriegen dich." Auch wenn sogar der Leiter des deutschen Primatenzentrums öffentlich bekannte, dass der Tierschutz bei den Versuchen nicht verletzt wurde, die Stimmung wollte sich nicht beruhigen. Sogar der grüne Bürgermeister Boris Palmer stellte sich schützend vor das Institut und bekam dafür einen Stein an den Kopf. Günter H. und seine Familie hielten dem Druck nicht stand. Er kündigte seinen Job, verkaufte das Haus und zog in eine benachbarte Stadt, deren Namen er nicht nennen möchte. Auf der Webseite der „Soko Tierschutz" konnte er lesen: „Die Tierpfleger verlassen das sinkende Labor." Auch wenn Günter H. sich nichts vorzuwerfen hat, er will nicht mehr mit Tieren arbeiten. Das Arbeitsamt bewilligte ihm die Umschulung zum Altenpfleger.

„Als IWF-Chef musste ich auf dem Höhepunkt der Finanzkrise die Welt retten. Ich brauchte Ablenkung und Entspannung.“

DOMINIQUE STRAUSS-KAHN, *Paris (Frankreich), Finanzexperte.* Sohn einer tunesischen Mutter – Redakteurin einer sozialistischen Tageszeitung – und eines elsässischen Finanzberaters. Dominique Strauss-Kahn wächst in Marokko und Monaco auf. Dann Übersiedelung nach Paris, dort Studium der Wirtschaft, Mitglied im Kommunistischen Studentenverband UEC, 1971 Arbeit am marxistisch orientierten Forschungszentrum CERES, 1977–1980 Professur für Wirtschaft in Nancy, ab 1981 Professur an der Universität Nanterre, danach an der Hochschule Sciences Po in Paris. 1982 veröffentlicht Strauss-Kahn sein erstes Buch *Das Sparen und die Rente*. Strauss-Kahn wird Mitglied in der Sozialistischen Partei Frankreichs. 1986 wird er zum Abgeordneten der Nationalversammlung gewählt, 1991 Minister für Industrie und Außenhandel, 1997 Minister für Wirtschaft, Finanzen und Industrie, ab 2004 Spitzenfunktionär der Sozialistischen Partei, ab 2007 Direktor des Internationalen Währungsfonds (IWF), 2010 vielversprechendster linker Kandidat für das Amt des französischen Staatspräsidenten. Am 14. Mai 2011 versuchte Vergewaltigung eines Zimmermädchens in New York City, außergerichtliche Einigung. Am 2. Februar 2015 beginnt ein Strafprozess gegen Strauss-Kahn und 13 weitere Männer aus dem Dunstkreis der Bordellindustrie. Ihnen wird schwere Zuhälterei vorgeworfen. Gemeinsam hätten sie „Partys“ veranstaltet, auf denen Frauen wie Sklavinnen gehalten und missbraucht worden wären. Zeugen sprechen von einem „sexuellen Gemetzel“. Strauss-Kahn wird von den Frauen als äußerst vulgär und brutal beschrieben.

„Jeder ist an allem schuld. Doch das darf niemand wissen. Sonst hätten wir das Paradies auf Erden.“

LÔRINC GARA, *Moisei (Rumänien), ehemaliger Bischof von Kaposvár.* Der ungarische Bischof war nicht sehr beliebt in Rom. Er machte sich unter anderem als Kritiker der Finanzgeschäfte des Vatikans einen Namen. „Während wir Schuld und Erbsünde predigen, errichten wir ein Offshore-Paradies für illegale Millionen", lautete einer seiner Vorwürfe. Enttäuscht von der Wahl von Papst Benedikt XVI bat Gara diesen um seine Entpflichtung. Seitdem lebt er zurückgezogen auf einer Berghütte in den rumänischen Ostkarpaten und hütet Schafe. An eine neue franziskanische Kirche der Armen will er nicht glauben. Lieber bleibt er bei seiner Herde.

„Die Weisheit mit Löffeln fressen: Garnele, Kaffee, Banane, Zwiebel, Salbei, Ei, Blaubeere, Fisch, Currypulver, Haselnuss, Avocado, Wein, Brokkoli, Reis, Vollkornbrot und natürlich jede Menge Leitungswasser."

ALINA BARTUSSEK, *Berlin (Deutschland), Gastronomin.* Im Februar 2015 kündigt Alina Bartussek im Berliner Boheme-Restaurant „Grill Royal", um ihren ersten eigenen Laden zu eröffnen: das „Le Super Cerveau" in Berlin-Neukölln. Auf dem Speiseplan stehen nur 17 Zutaten, nämlich genau jene, die nachweislich den besten Effekt für die Leistungssteigerung des menschlichen Gehirns haben. Die Gäste im „Le Super Cerveau" dürften fast dieselben sein wie im „Grill Royal": Alina Bartussek ist bestens vernetzt. Der Berliner Holzregal-Fabrikant und Suhrkamp-Autor Rafael Horzon kam sofort, beinahe täglich. Und auch der Hamburger Performancekünstler Jonathan Meese wird oft im „Le Super Cerveau" gesehen, wie auch der deutsche Diskursrocker Dirk von Lowtzow. Für den Herbst haben die „beiden großen Beckers" jeweils eine Tafel reserviert: der Schauspieler Ben Becker mit seinen Freunden von der Rockband „Böhse Onkelz" und der Trainer Boris Becker mit dem deutschen Tennisnachwuchs. „Ein wenig Indiskretion ist in Berlin Teil des Erfolgs", so augenzwinkernd die sympathische Bartussek.

„Wir sind im Handeln an die Bedingungen der Situation gebunden, kennen die Kraft der Regeln, können aktiv die Zielrealisierung beeinflussen und wollen aus beschränkten Möglichkeiten stets das Beste machen. Unser Handeln ist rational."

PROF. EM. PETER C. MADDOW, *Eureka, Kalifornien (USA), Ökonom.* Einigen Kollegen gegenüber nannte er es sein „Schlüsselerlebnis". Es war eine seiner letzten Vorlesungen. Der Saal füllte sich, und eine Gruppe junger Studenten kam herein und sie skandierten: „K.T.H.O." – Kill the homo oeconomicus. Er kannte das Akronym bereits. Überall auf dem Campus wurde es auf die Wände geschmiert. Maddow gilt als einer der führenden neoliberalen Vordenker seines Landes. Mehrere Präsidenten hat er beraten. Und stets stand die rationale Entscheidungsfindung im Mittelpunkt seiner Forschung. Als er die Studenten vor sich sah, kam eine unbändige Wut über ihn. Er griff nach seinem Schlüsselbund und wollte ihnen die Köpfe einschlagen. Doch dann stellte er sich vor, wie sie ihn mit ihren Telefonen filmen und ins Netz stellen würden. Maddow ließ den Schlüssel sinken. Am Ende seiner Vorlesung hatte sich auch seine Mordlust wieder gelegt.

„Ich will den Dingen auf den Grund gehen. Die Gegenstände haben ihre eigene Wahrheit, ihre eigene Wirkmacht, losgelöst von jeder Philosophie."

RANDOLF ORLAC, *Yantian International Container Terminal, Shenzhen (China), Nautischer Offizier.* Der 29-jährige Randolf Orlac hätte auch einer TV-Vorabendserie entsprungen sein können, ein Klischee von einem Seemann: 1,97 Meter groß, muskulös, Vollbart. Der zweite Offizier des deutschen Containerschiffs „Nedlloyd Cusco" galt als überaus kameradschaftlich, als überdurchschnittlich intelligent und vor allem: als absolut zuverlässig. Für jeden Reeder der Welt ist ein solcher Mann unbezahlbar. Orlac stammt aus einer prominenten links-liberalen Hamburger Familie, die Mutter Schauspielerin, der Vater Verleger, die beiden Schwestern wortgewaltige Journalistinnen. Die Eltern hätten es sicher lieber gesehen, wenn auch Randolf studiert hätte. Aber er studierte ja, nur eben ganz für sich allein, auf dem Ozean: Marcuse, Anders, Adorno usw. Auch die postmodernen Franzosen. Dann noch die Zeitgenossen: Negri, Žižek, Piketty. Alles per E-Book, nachts auf der Brücke, wenn sich der 400-Meter-Frachter mit seinen 8.000 Stahlcontainern per Autopilot durch den pechschwarzen Pazifik pflügte. Aber am Ende war Orlac nur noch ratloser: Alles ist falsch, alles ist richtig. Er sah sich selbst da oben auf der Brücke stehen – ein Lesender, ein Denkender, ein sich Sorgender – der Jahr für Jahr zehntausende Container voller Turnschuhe, voller Unterhaltungselektronik, voller Plastikspielzeug in die westliche Welt transportierte. Und es waren auch seine Turnschuhe, sein Laptop, sein E-Book. In seiner Kammer gab es nichts, was nicht in Fernost produziert wurde. Fast alle seiner Habseligkeiten kamen aus China. Was tun? Orlac ging in Shenzhen einfach von Bord. Er flüchtete ohne große Erklärungen, er sagte nur: Ich komme schon wieder, Kapitän, ich habe nur ein Bedürfnis nach Spiritualität. Der Kapitän geschockt, verstand nicht. Niemand verstand. Die „Nedlloyd Cusco" musste stattdessen 15 teure Stunden länger im Containerterminal bleiben. So lange dauerte es, bis die Reederei einen Ersatzmann eingeflogen hatte.

„Wir sind die 99 Prozent der Angepassten."

MERRIT CARSSON, *Aufenthalt unbekannt, ehemalige Aktivistin.* Ihren neuen Namen will sie nicht verraten, ebensowenig wo sie wohnt. Nur so viel, sie lebt das biedere Leben ihrer Eltern, das sie nie führen wollte. Alles, um nicht aufzufallen. Denn die alte Merrit Carsson darf es nicht mehr geben. Sie war eine der ersten bei Occupy Wall Street. Die Zeit im Zuccotti Park, das Leben im Zelt war das Beste, was ihr passieren konnte. Noch besser als alle Pfadfinderlager ihrer Kindheit und alle Sex- und Drogenerfahrungen der High School zusammen. Denn sie wusste, dass sie für die richtige Sache kämpfte: Gegen das Kapital, gegen die Macht der Banken, gegen das eine Prozent, das die übrigen 99 Prozent kontrolliert und ausbeutet. Nach der Räumung des Camps wollte sie nicht mehr in ihr altes Leben zurück. Sie zog weiter, zu den Protestcamps nach Madrid und Frankfurt. Als auch dort die Bewegung erlahmte, radikalisierte sie sich. Über einen griechischen Freund schloss sie sich der Federazione Anarchica Informale an, einer europäischen Gruppierung, die unter anderem einen Briefbombenanschlag auf Deutsche-Bank-Chef Josef Ackermann versuchte. 2012 unternahm die italienische Polizei eine Großrazzia auf die Wohnungen der Gruppierung. Merrit tauchte unter. Nach einem tödlichen Unfall ihrer Eltern fuhr sie nicht mal zur Beerdigung in die USA. Von ihrem Erbe kaufte sie sich eine neue Identität. Den Rest legte sie an, konservativ, um nicht aufzufallen.

„Ich will keine zwei Staaten. Die palästinensische Regierung taugt nichts, sie muss weg. Ich will nur einen Staat, einen jüdischen. Aber ohne Rassismus. Doch solange sie auf dem Tempelberg jeden Tag die Al-Aksa-Moschee angreifen, solange wollen sie keinen Frieden und solange kann es auch keinen Frieden geben."

MUHAMMAD ANATI, *Al Fawwar Refugee Camp, Hebron (Palästina), arbeitslos.* Am 10. August 2014 wurde Khalil Anati, der 10-jährige Sohn Muhammad Anatis, von einer israelischen Militärpatrouille hinterrücks erschossen. Der Junge hatte das gepanzerte Fahrzeug möglicherweise mit Steinen beworfen, wahrscheinlich als Mutprobe – im Camp war der Junge als „Angsthase“ verspottet worden. Die israelische Armee entschuldigte sich anschließend per Twitter: „Die Armee bedauert Khalil Anatis Tod. Der Vorfall wird Gegenstand von Untersuchungen der Militärpolizei sein.“ Khalils Vater antwortete: „Soldat, was hast du mit deinem Schuss Gutes für dieses Land getan?“

„Ihre Grimasse bildet Verteidigungslinien gegen das Lachen und greift die Erstarrung Ihrer Leiche vorweg.“

MARKUS STENZEL, *Manaus (Brasilien), Fotograf.* Jahrelang war er Assistent eines namhaften Fotografen. Nach seinem Rauswurf erkannte Stenzel, dass es zu spät für eine eigene künstlerische Karriere war. Er heuerte auf einem Kreuzfahrtschiff als Fotograf an. Sein Job: Die Passagiere an Bord und beim Landgang ablichten und die Abzüge an die Porträtierten verkaufen. Dass seine Bezahlung provisionsabhängig war, begriff er erst an Bord. Die unmöglichen Arbeitsbedingungen auf dem Schiff, umgeben von all dem Luxus, waren grotesk. Stenzel vernachlässigte seine Aufgaben. Statt die Gäste an Bord zu fotografieren, schrieb er über sie kleine Porträts und schob sie unter den Kabinentüren durch. In Manaus stellte man ihn vor die Wahl. Entweder er bezahlte seine Rückfahrt selbst oder er sollte von Bord gehen. Stenzel entschied sich für Letzteres.

„Sie haben mir einen Preis gegeben."

YOHANNES HUNDE, *Addis Abeba (Äthiopien), Regisseur.* Das größte afrikanische Filmfestival in Europa findet in Spanien statt. Einmal im Jahr wird die kleine andalusische Stadt Tarifa mit Leben erfüllt. Filmemacher aus ganz Afrika, aber auch viele Europäer treffen sich hier. Es wird diskutiert, getanzt, getrunken und ins Kino gegangen. Yohannes Hunde kommt zum ersten Mal mit einem Kurzfilm über seine Mutter zu dem Festival. Es ist sein erstes Mal in Europa. Die Stimmung gefällt ihm, das Klima viel angenehmer, als er dachte, und die Frauen viel hübscher. In der ersten Nacht lernt er zwei Deutsche, Filmemacher wie er, kennen und nennt sie seine Freunde. In der zweiten Nacht beschließt Hunde, in Europa zu bleiben, und vertraut sich seinen Freunden an. Die Deutschen scheinen gar nicht begeistert. Ob das wirklich eine gute Entscheidung sei, wollen sie wissen. In Europa zu überleben, sei hart, Filme machen erst recht. Wovon er denn leben will, fragen sie ihn. Das weiß Hunde in Äthiopien auch nicht. Immerhin hat er diesen Film zustande gebracht. Die deutschen Freunde empfehlen, die Festivalleitung zu informieren. Die rät Hunde ebenfalls davon ab zu bleiben. Das Risiko abgeschoben zu werden, sei groß. Aber sie wollen sich dafür einsetzen, dass sein Film einen Preis bekommt und an einen spanischen TV-Sender verkauft wird. Und tatsächlich, es klappt. Nach fünf Tagen fliegt Yohannes Hunde wieder zurück nach Äthiopien. Seine deutschen Freunde bleiben noch ein paar Tage länger.

„Ich habe noch zwei Eisen im Feuer."

PETER-JOCHEN Z., *Göttingen (Deutschland), Vertreter.* Im Jobcenter gab er sich noch zuversichtlich. Arbeitslosengeld II wolle der 57-jährige auf keinen Fall beantragen. Der ehemalige Zeitsoldat hatte als Handelsvertreter schon für viele Firmen gearbeitet. Seine Kollegen beschrieben ihn als einen stillen, sympathischen, unauffälligen Menschen, der nach seiner Scheidung alleine lebte und in seiner Freizeit gerne las. Ebenso unauffällig ist er verschwunden. Zwei Jäger fanden seine mumifizierte Leiche in einem Wald bei Göttingen. Fast einen Monat lang hatte Peter-Jochen Z. sich auf einen Hochstand zurückgezogen, um sich zu Tode zu hungern. Auf einem blauen Block notierte er seinen allmählichen Verfall: Wie es schmeckt, wenn einem langsam die Galle hochkommt, wie es sich anfühlt, wenn die Gliedmaßen ihren Dienst versagen, wie es ist, wenn man allmählich das Gefühl für Zeit und Datum verliert. Von seiner Arbeitslosigkeit und den Gründen seines Ablebens ist nichts zu lesen. Am 13. Dezember, vermutlich seinem letzten Lebenstag, schrieb er: „Nach meinem Tode ist das Heft an meine Tochter zu übergeben. Was sie damit anfängt, ist ihre Sache."

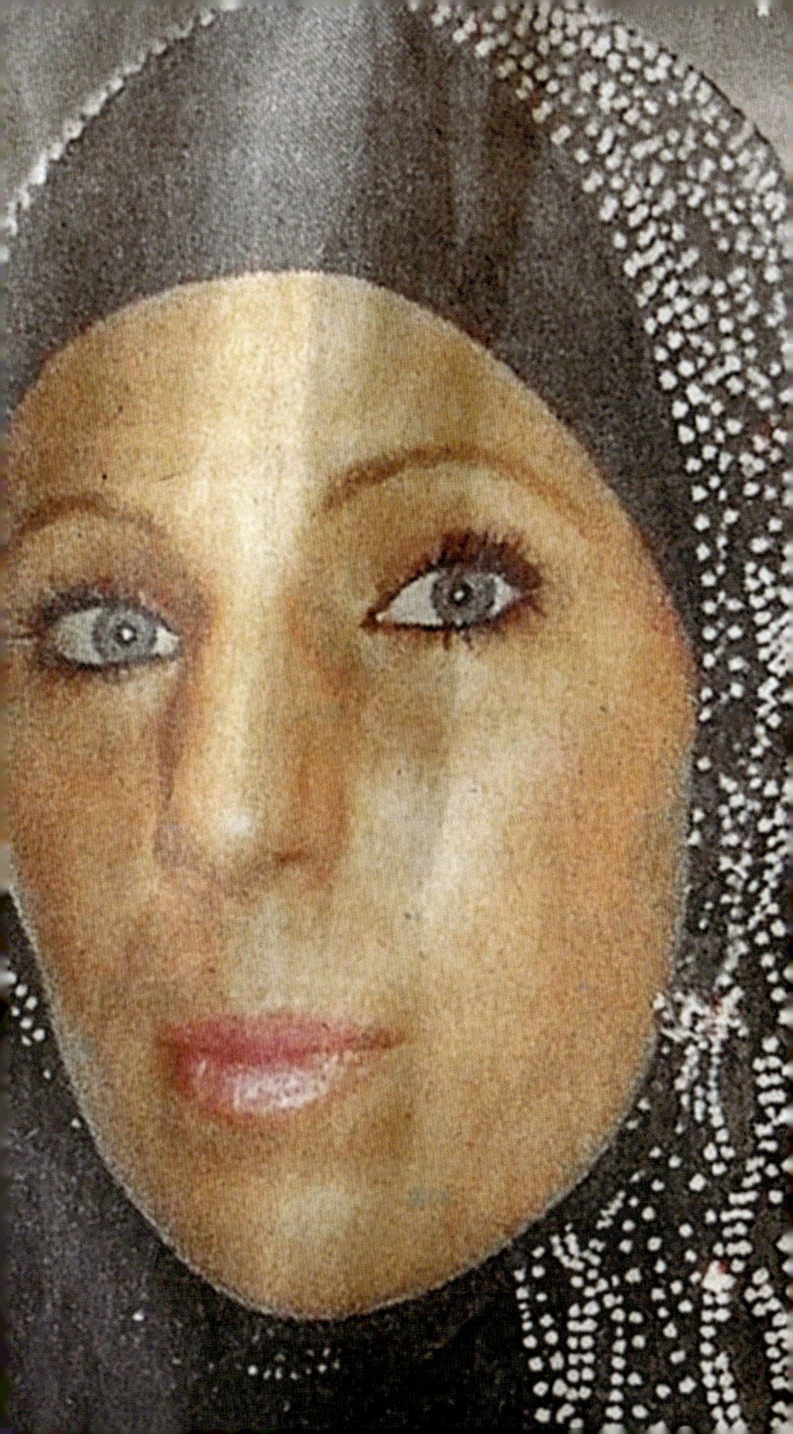

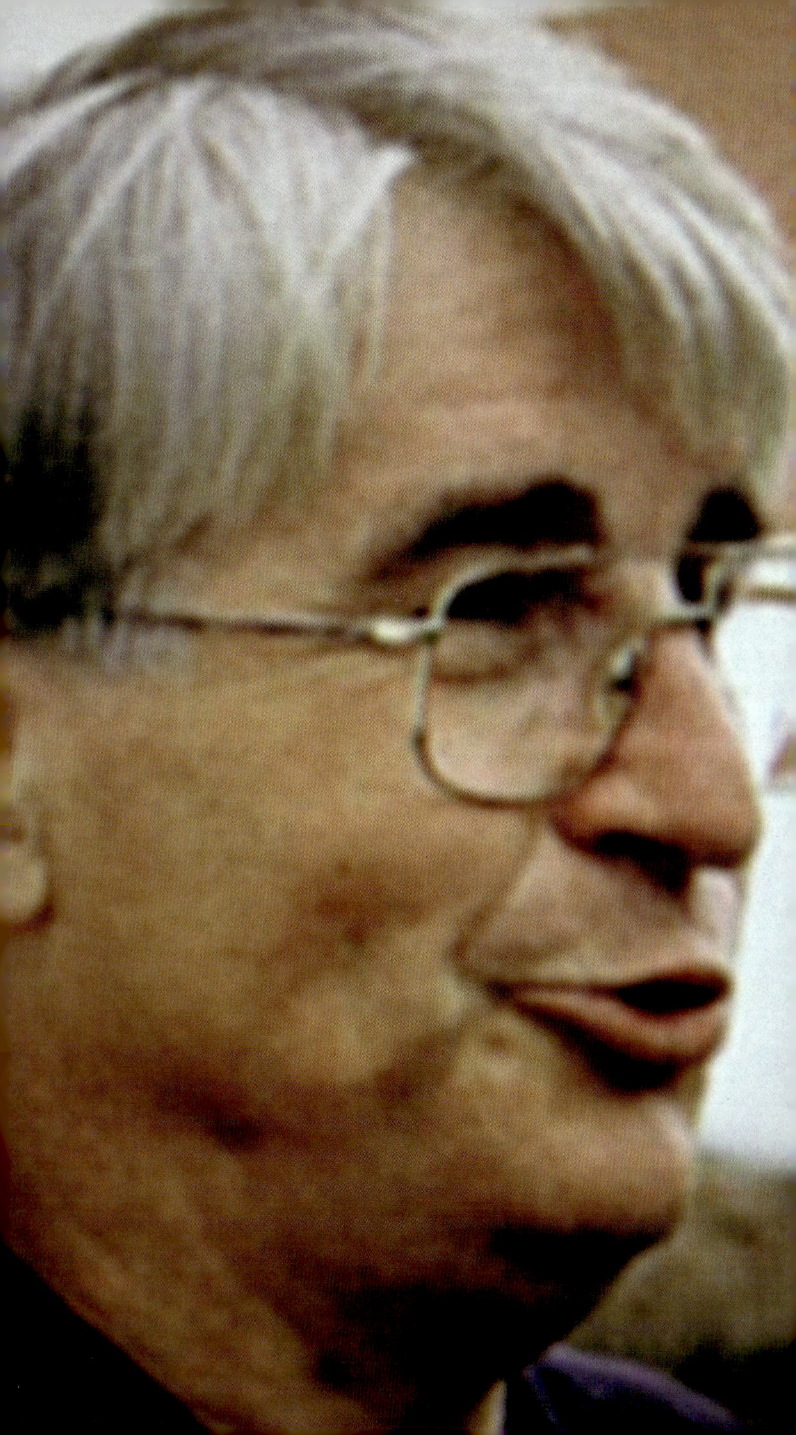

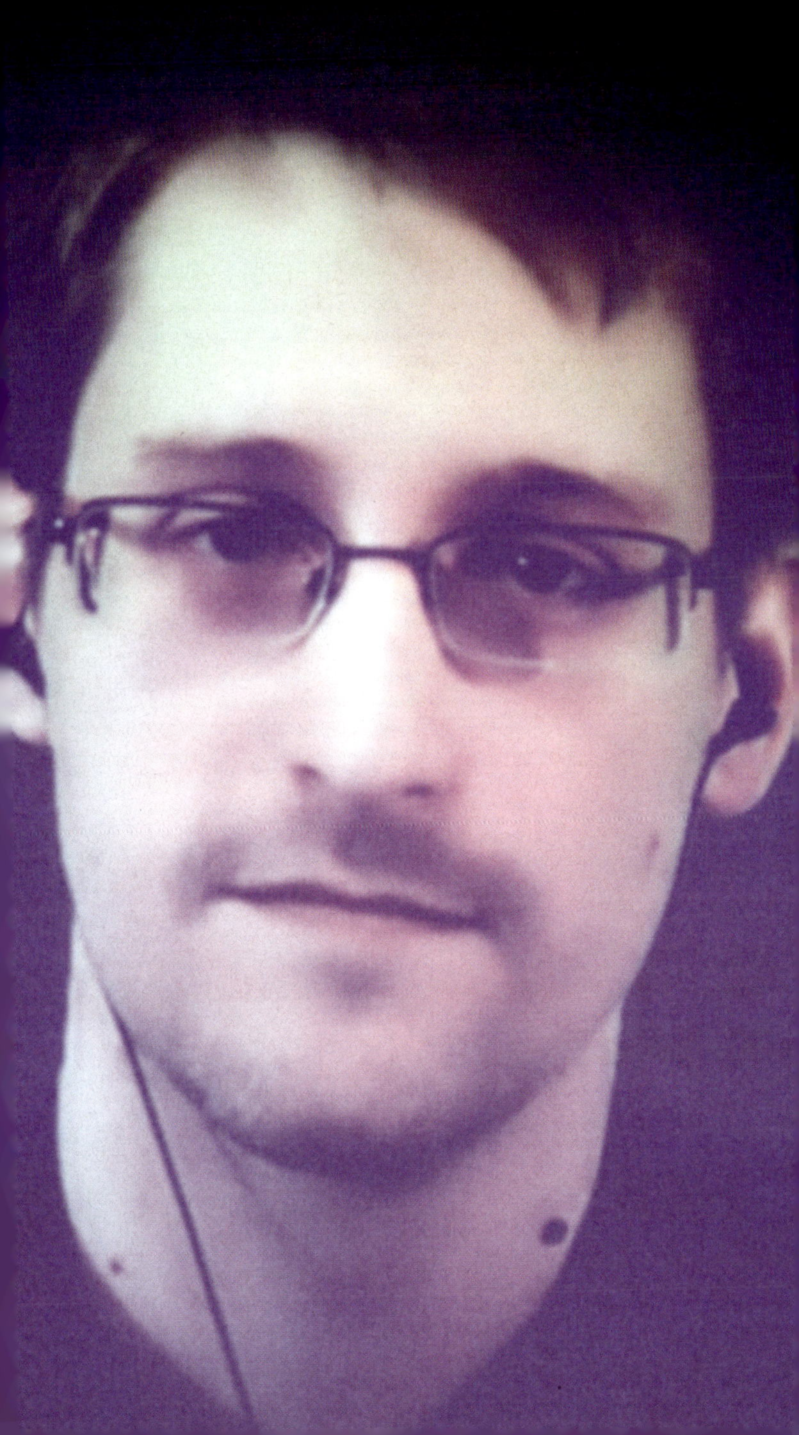

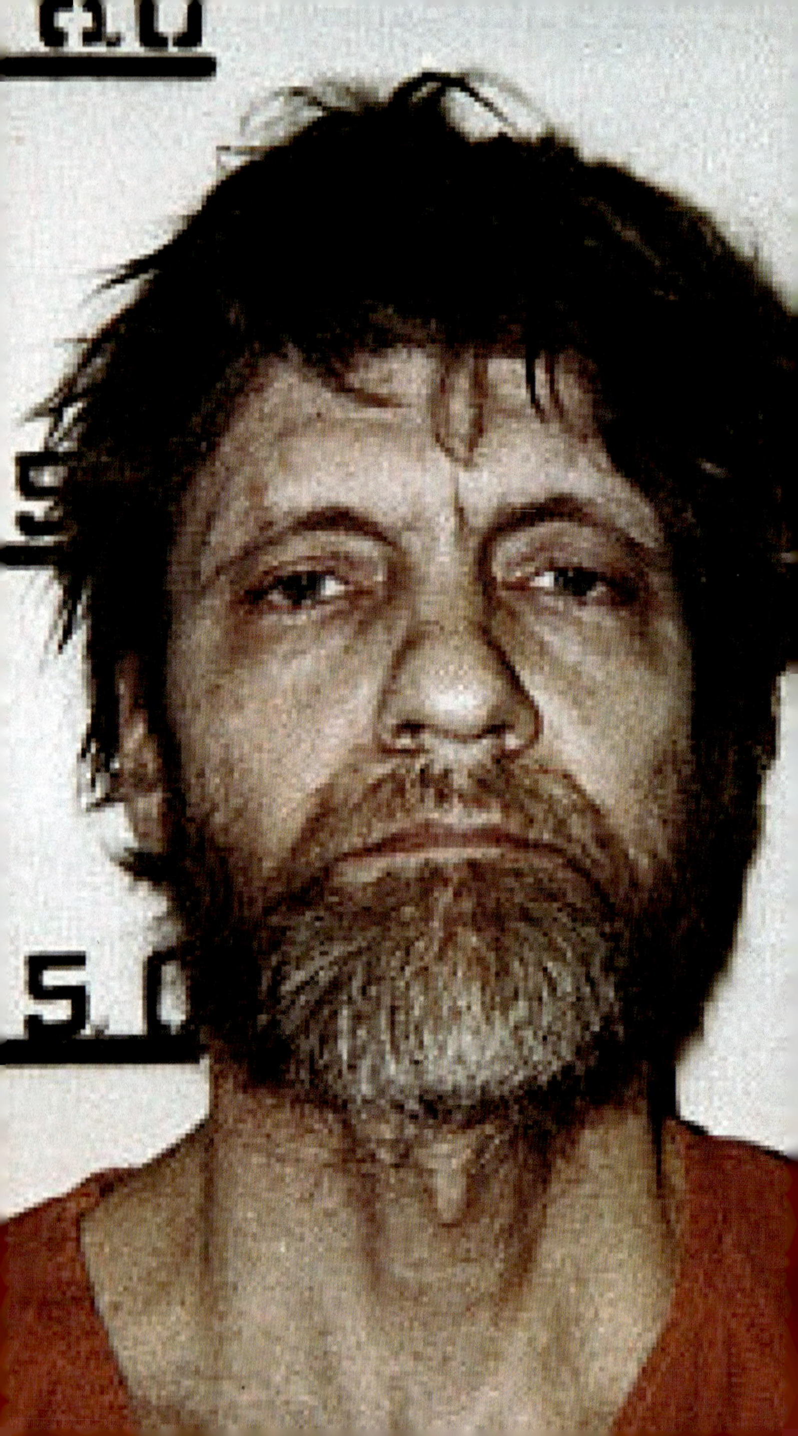
5.0

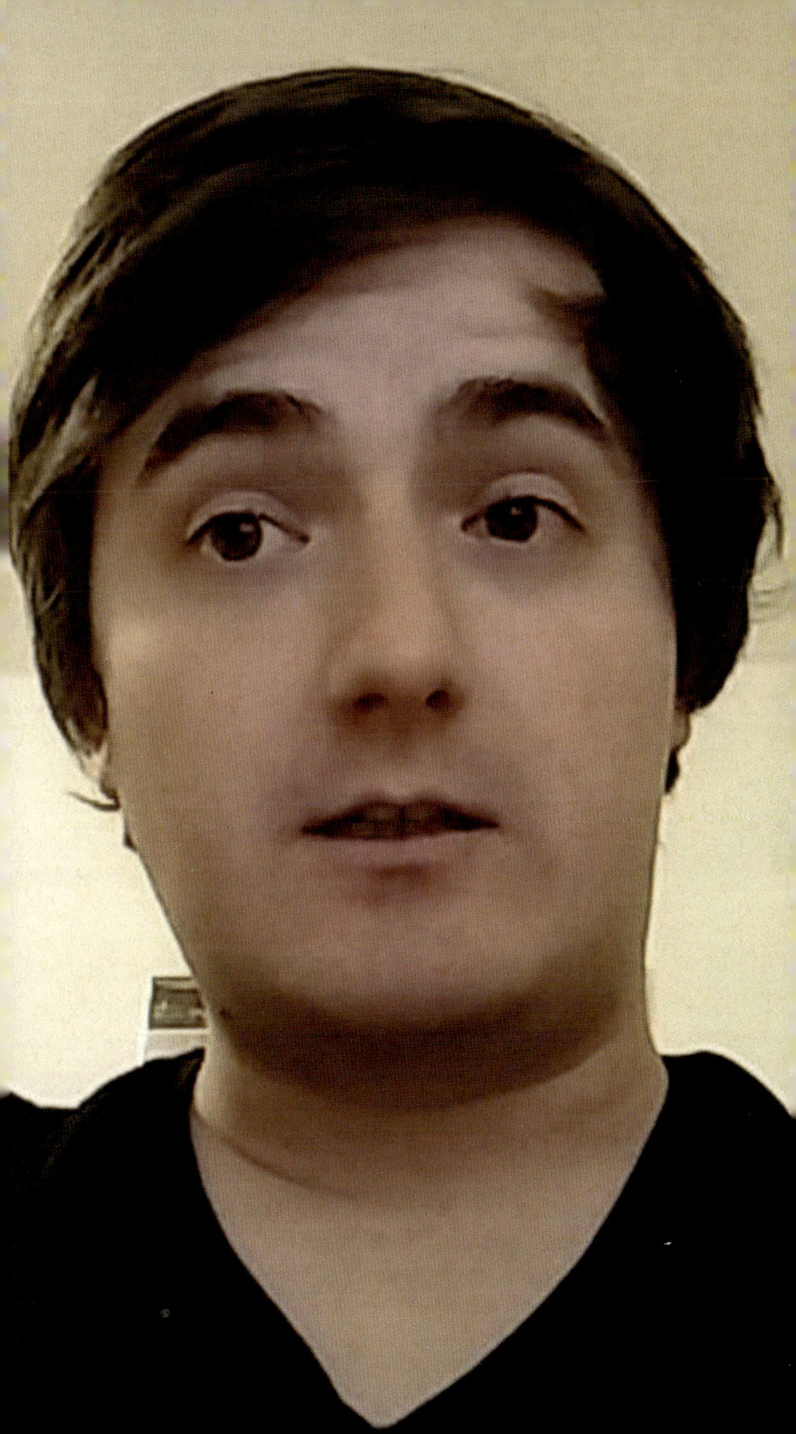

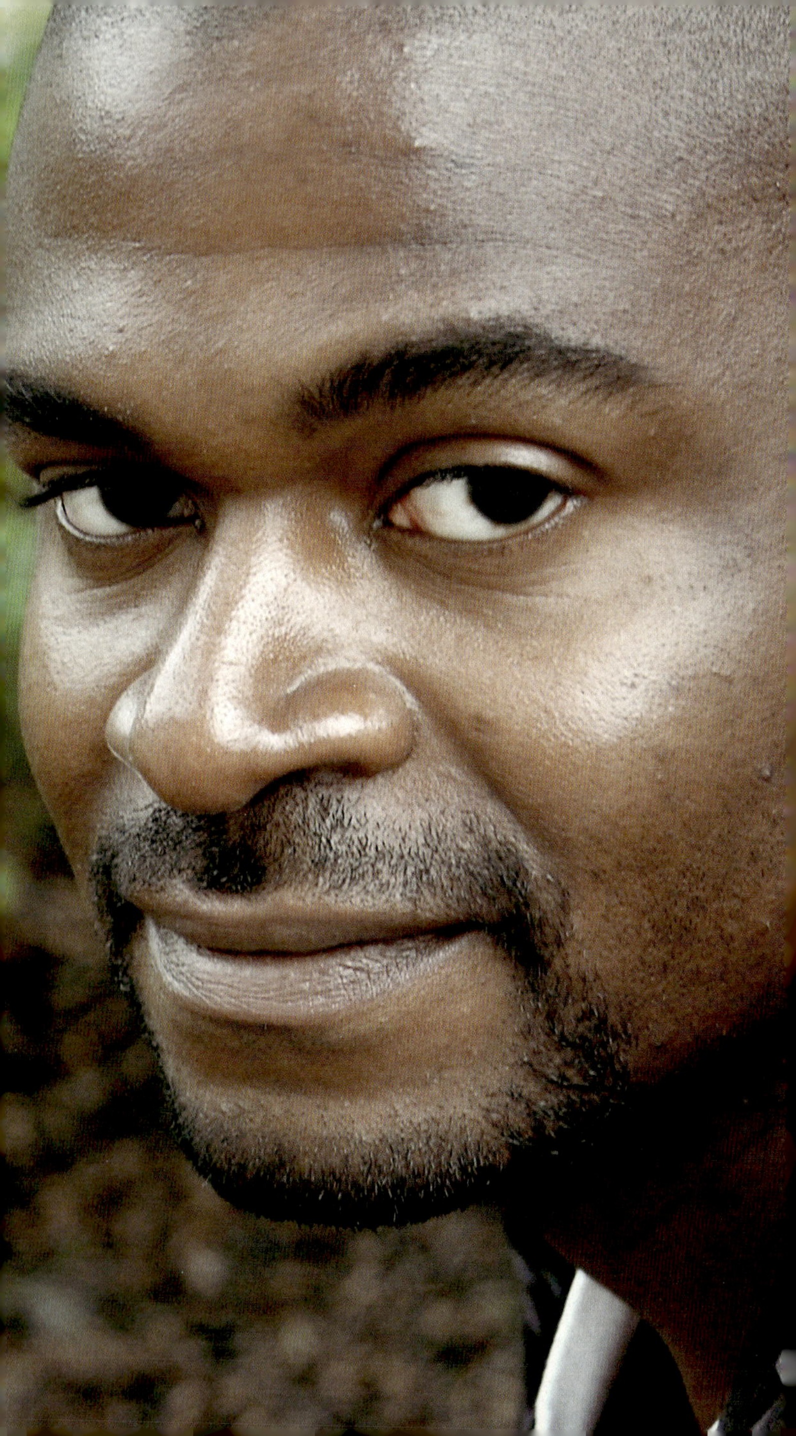

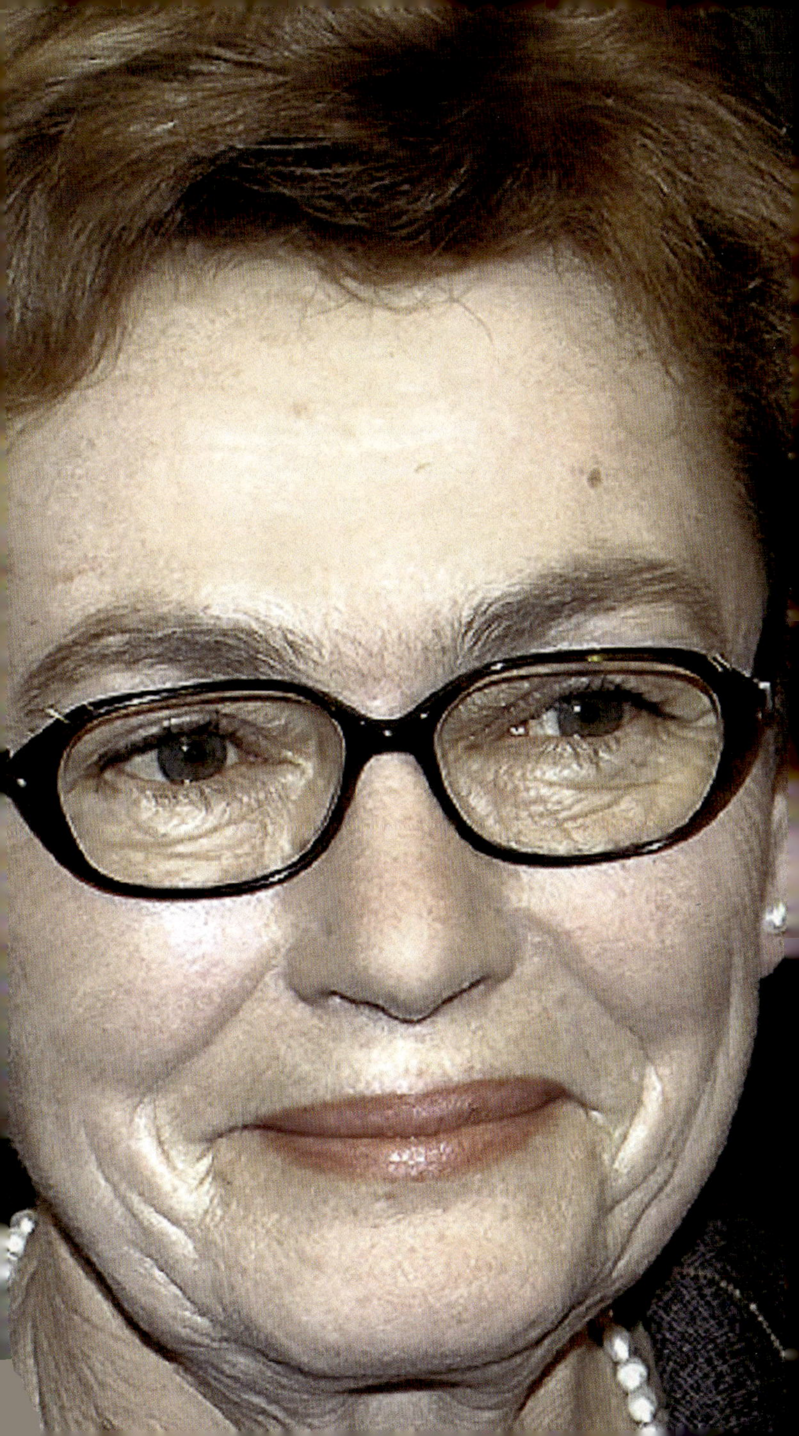

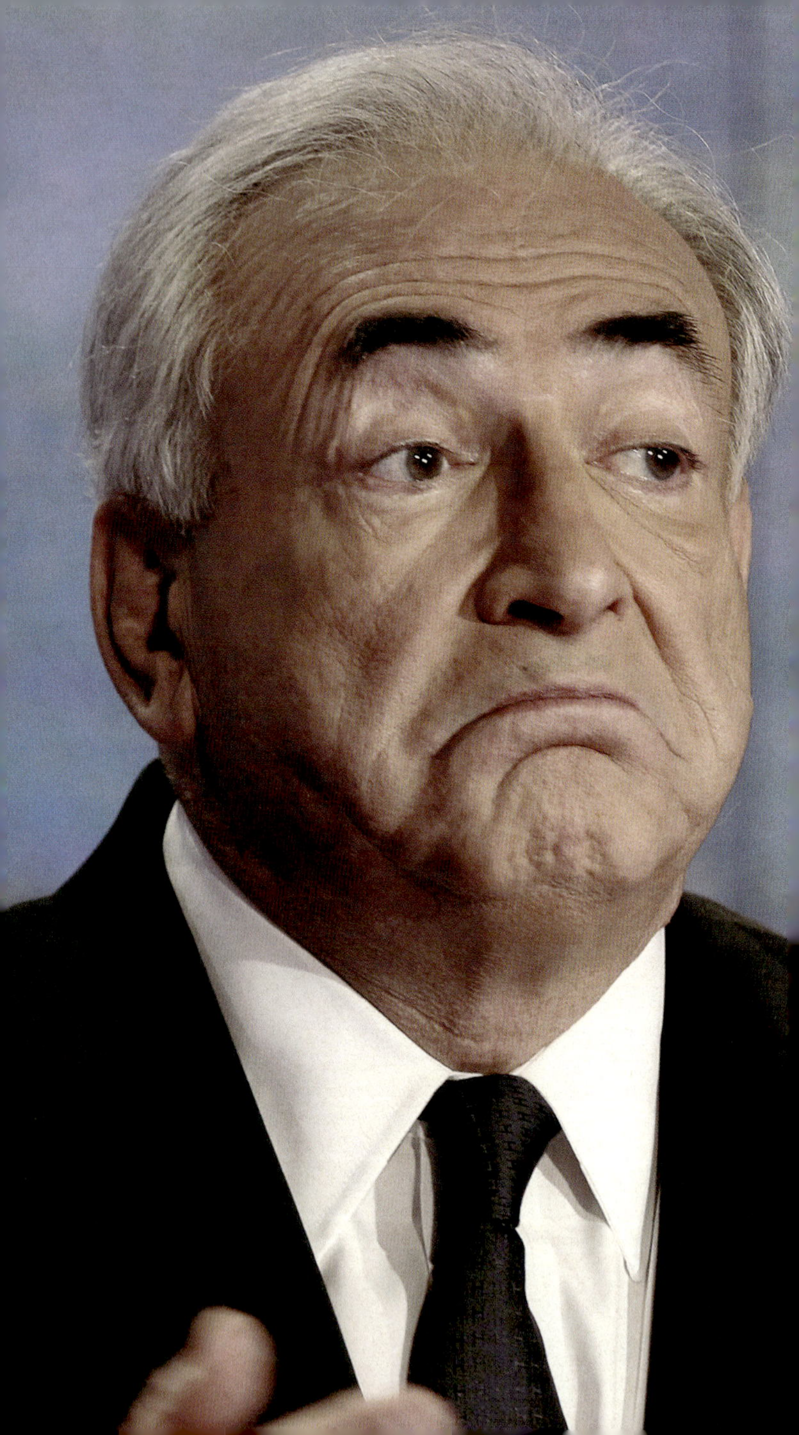

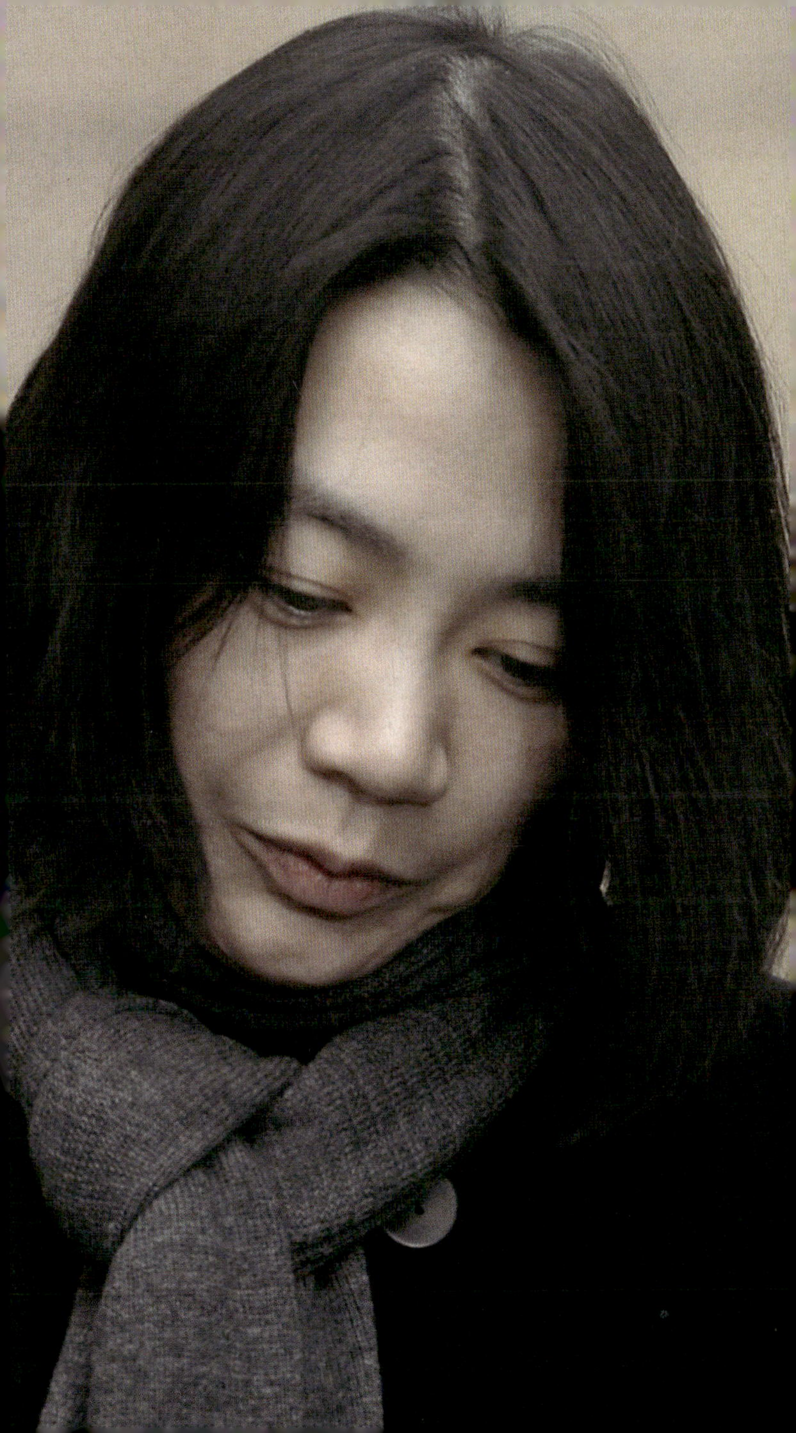

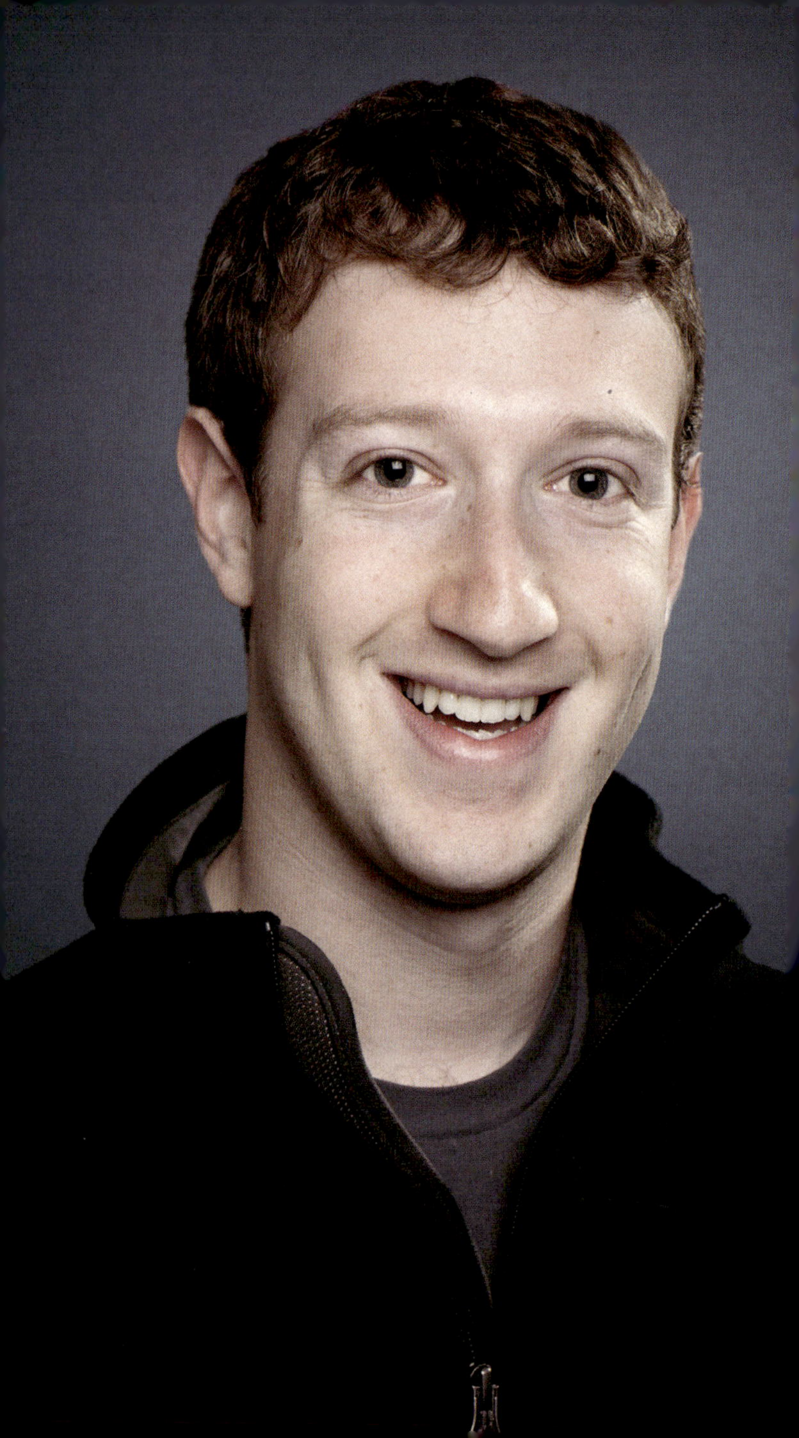

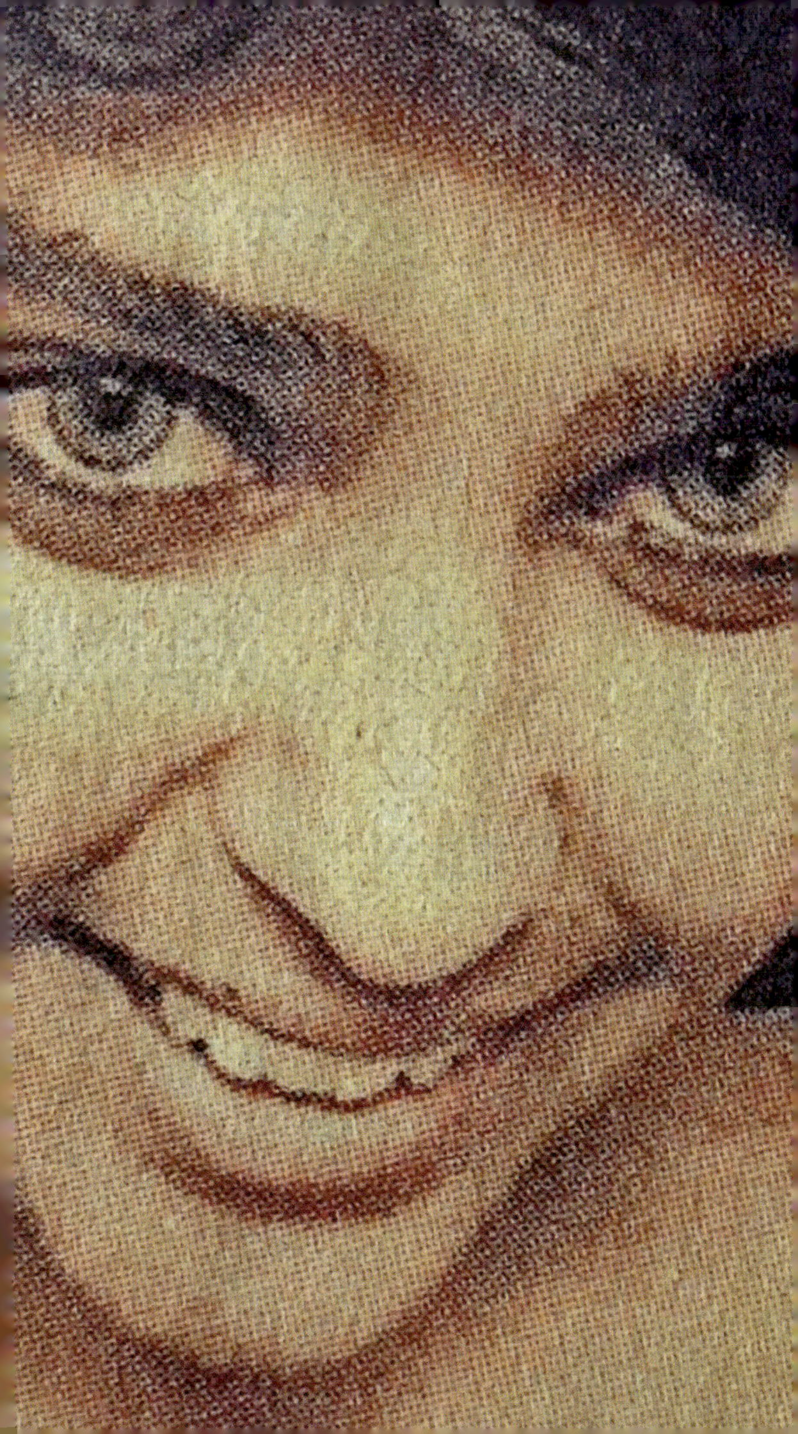

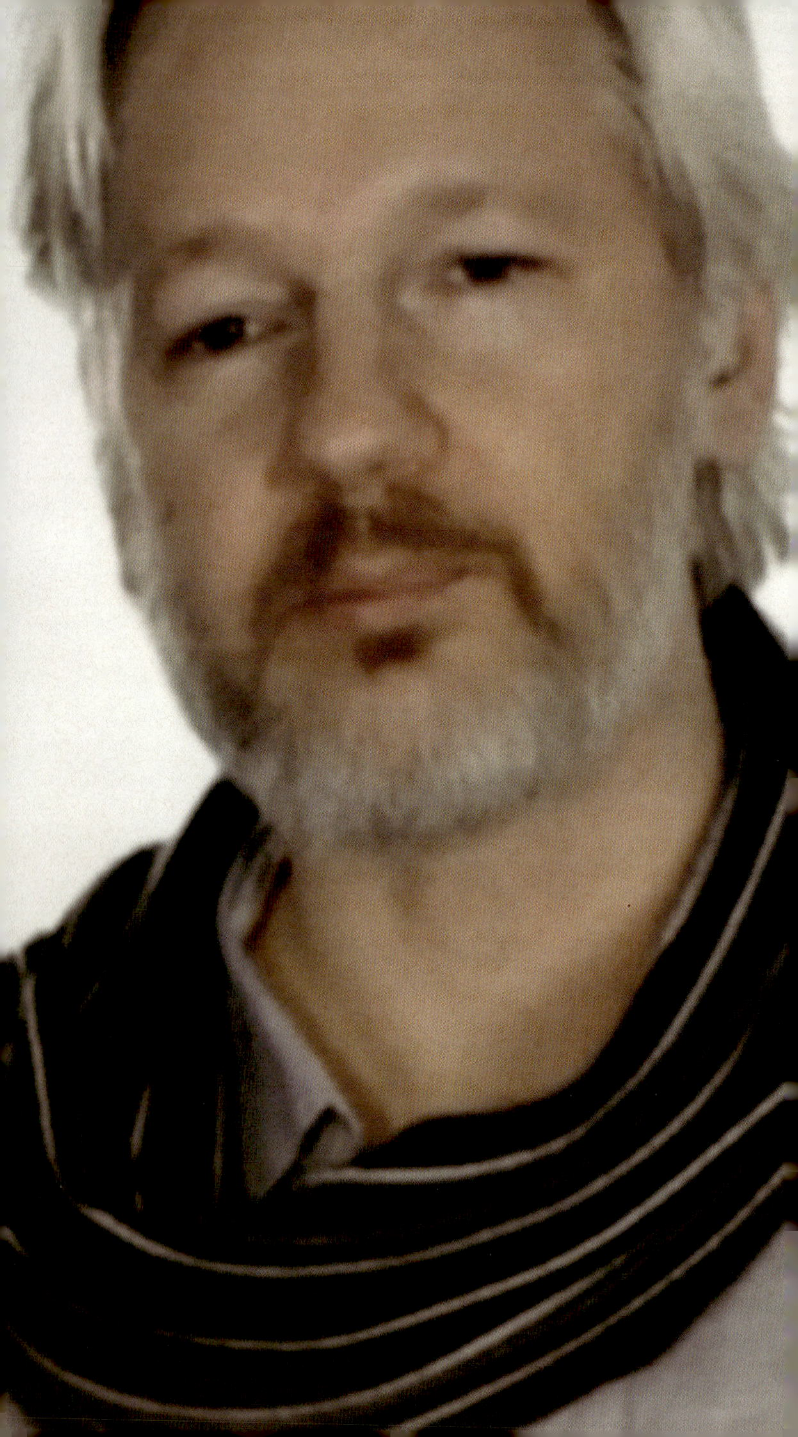

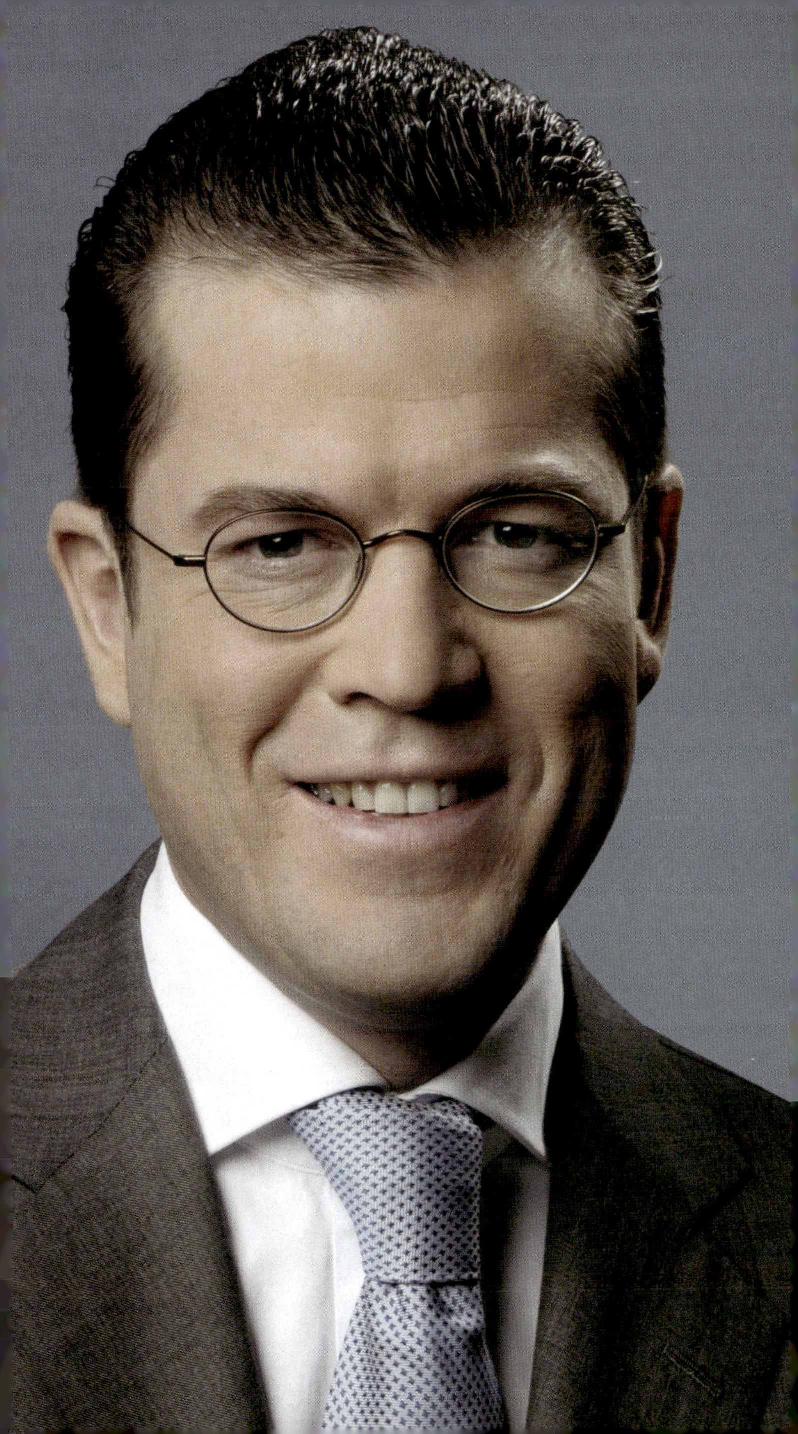

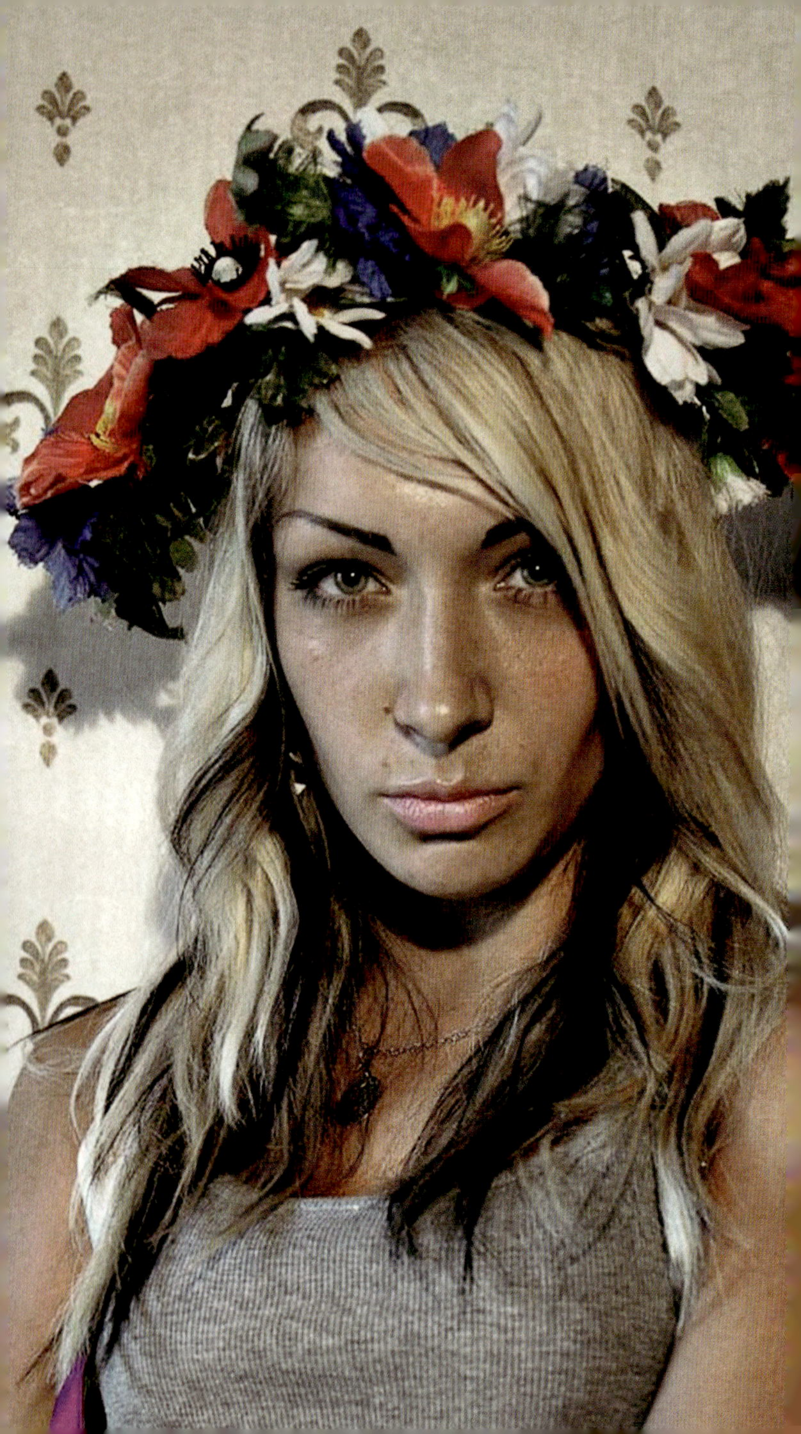

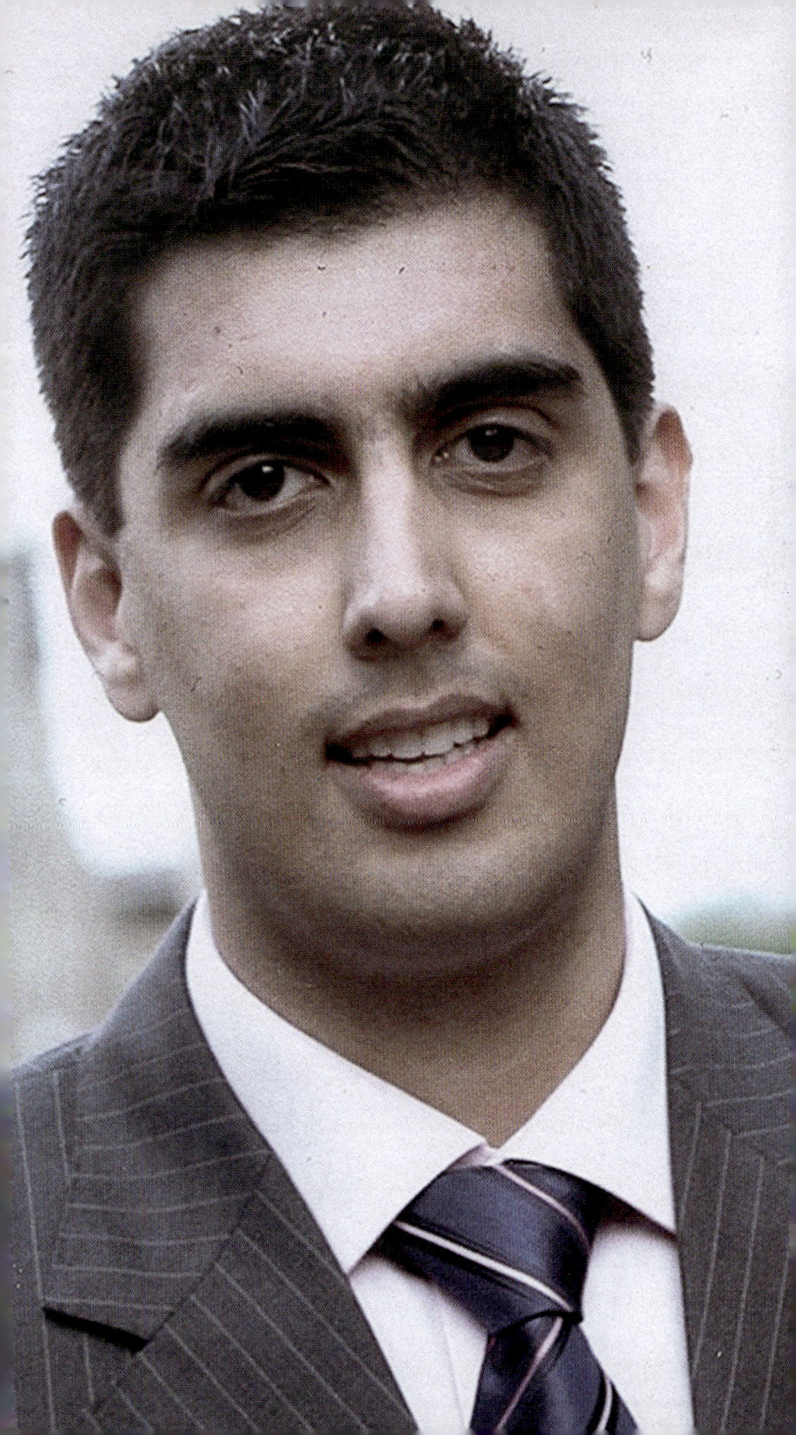

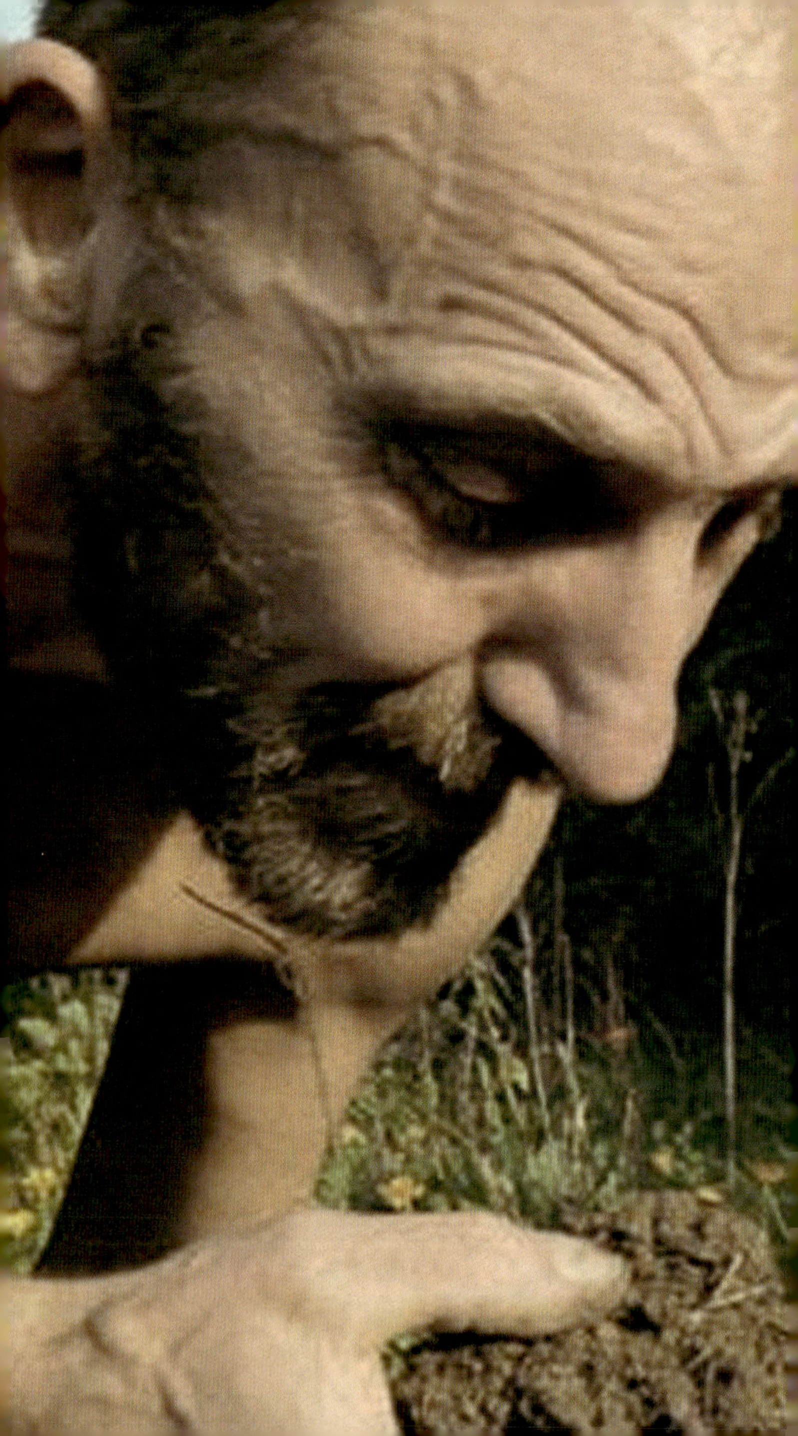

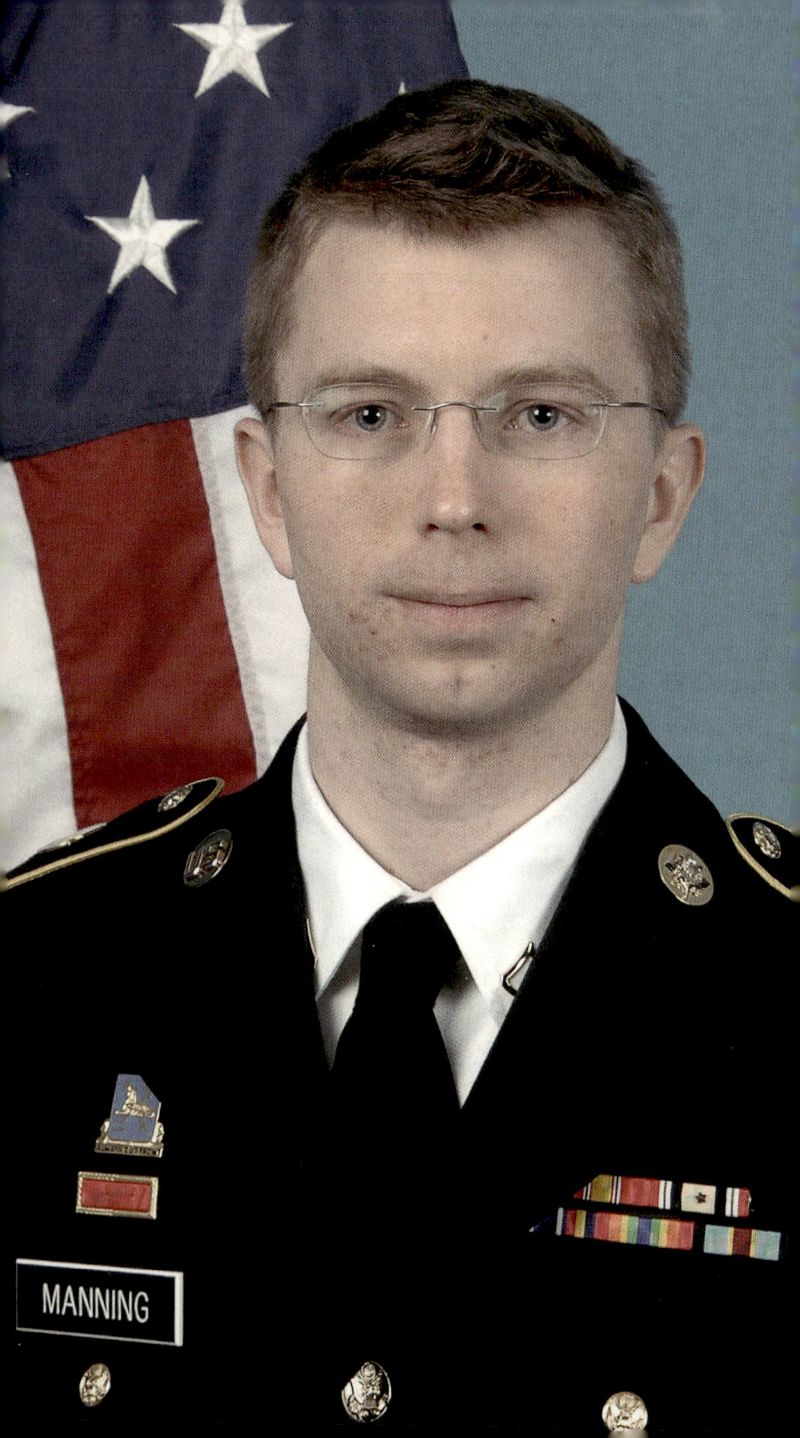
MANNING

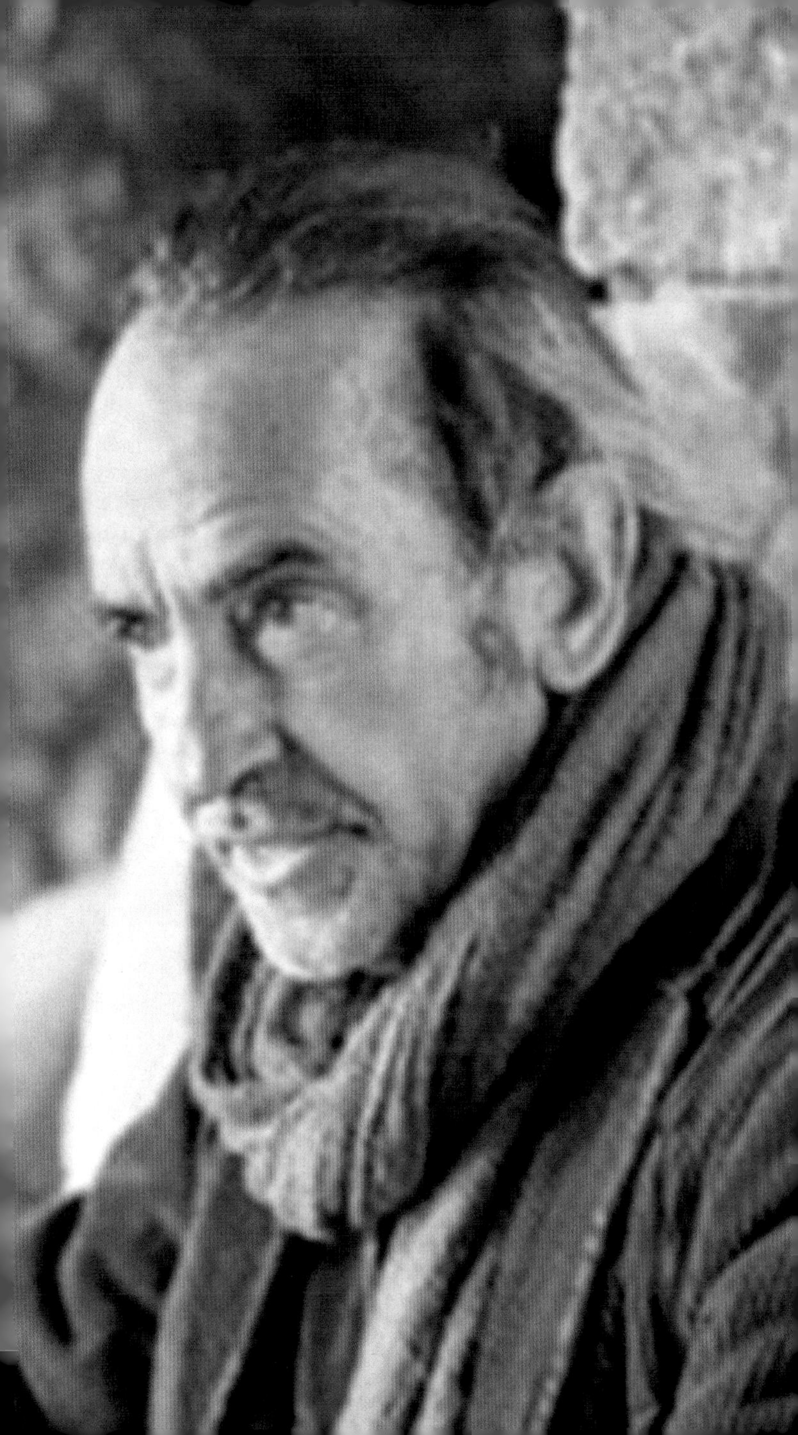

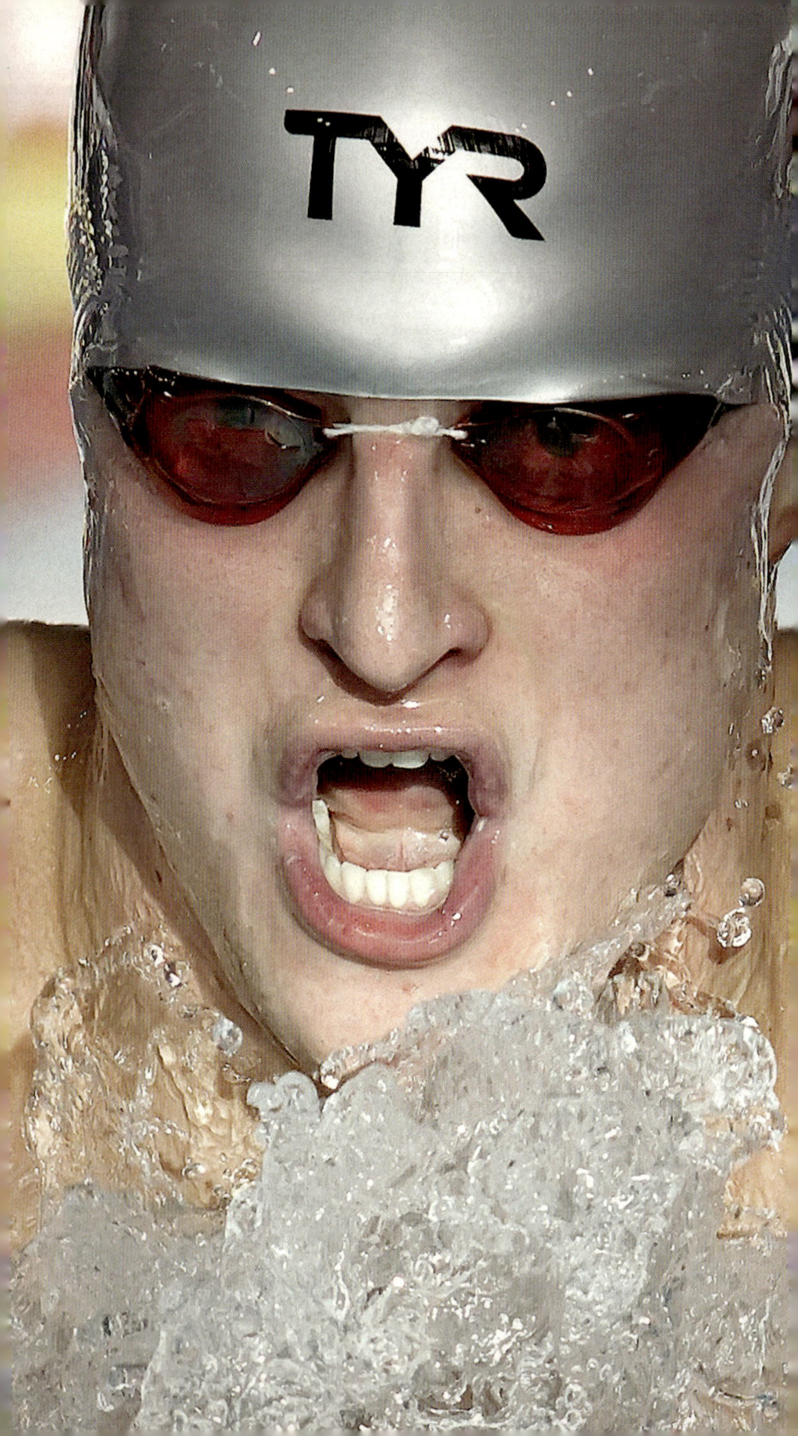
TYR

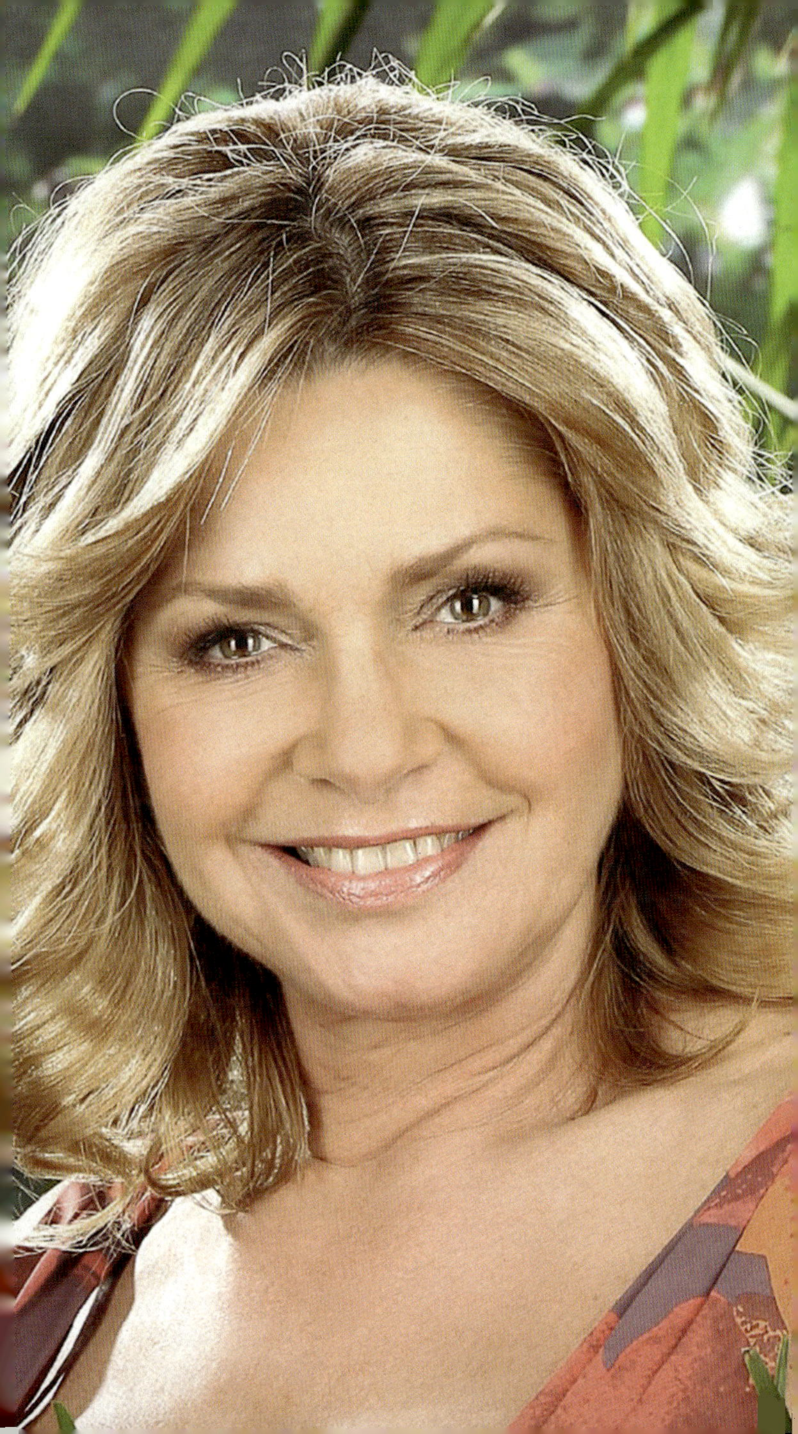

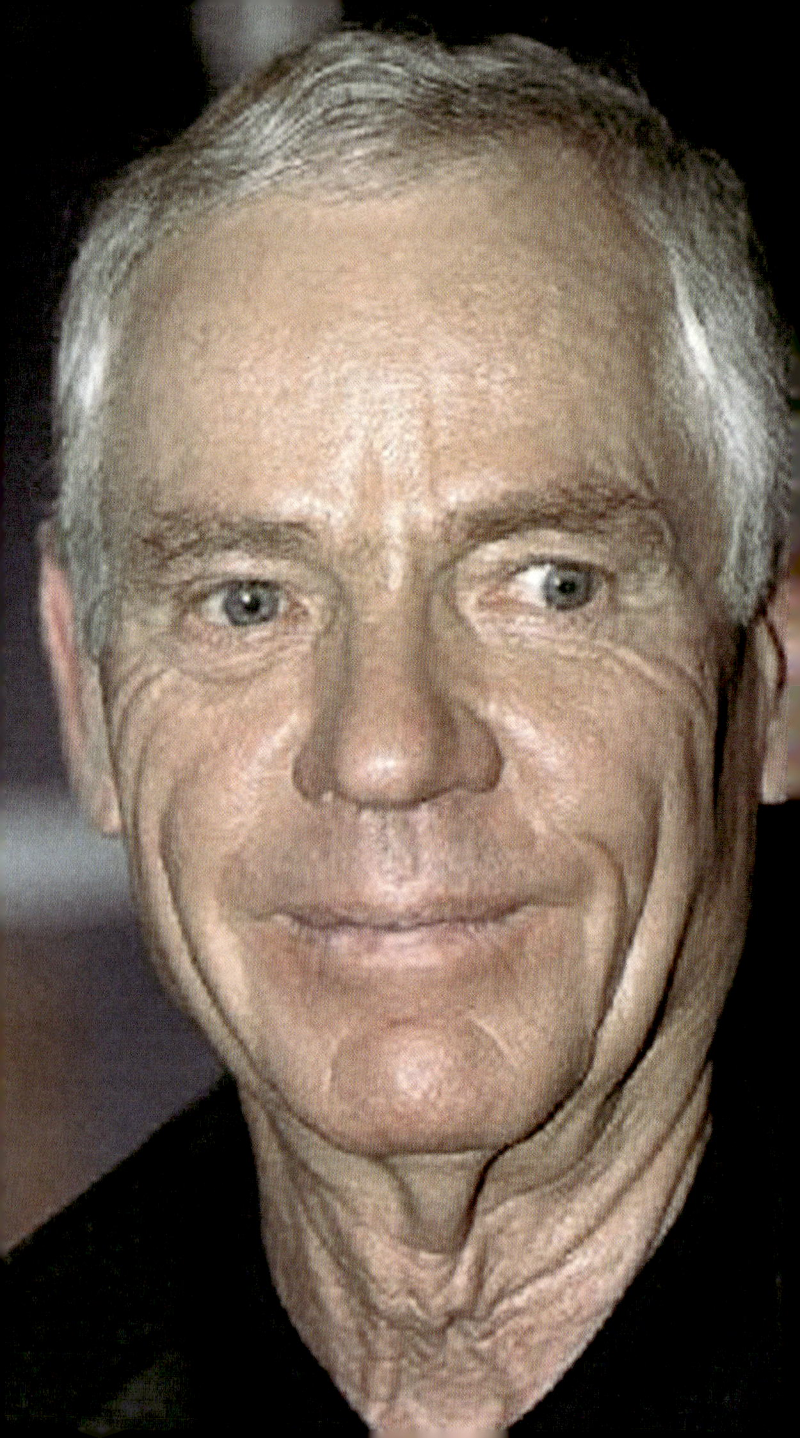

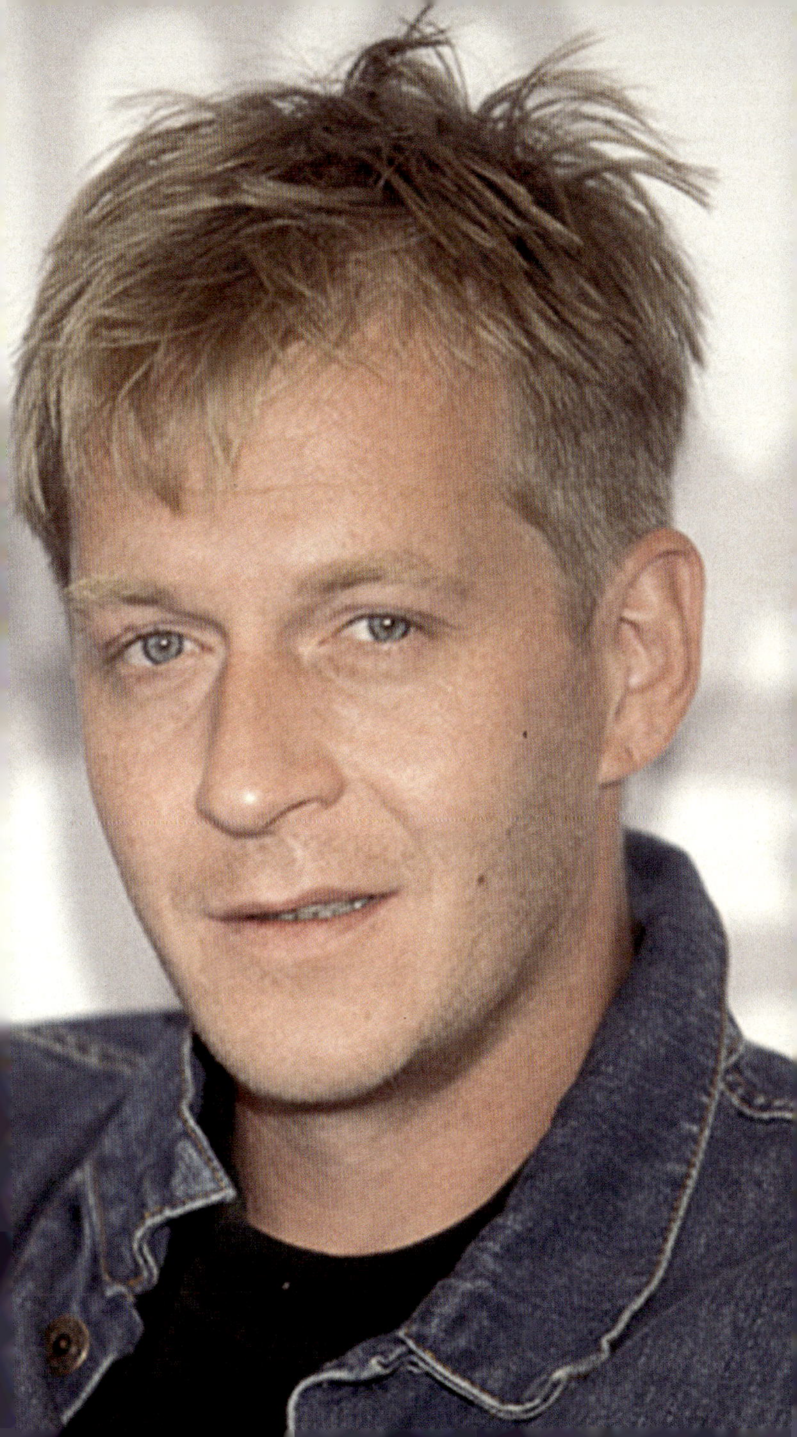

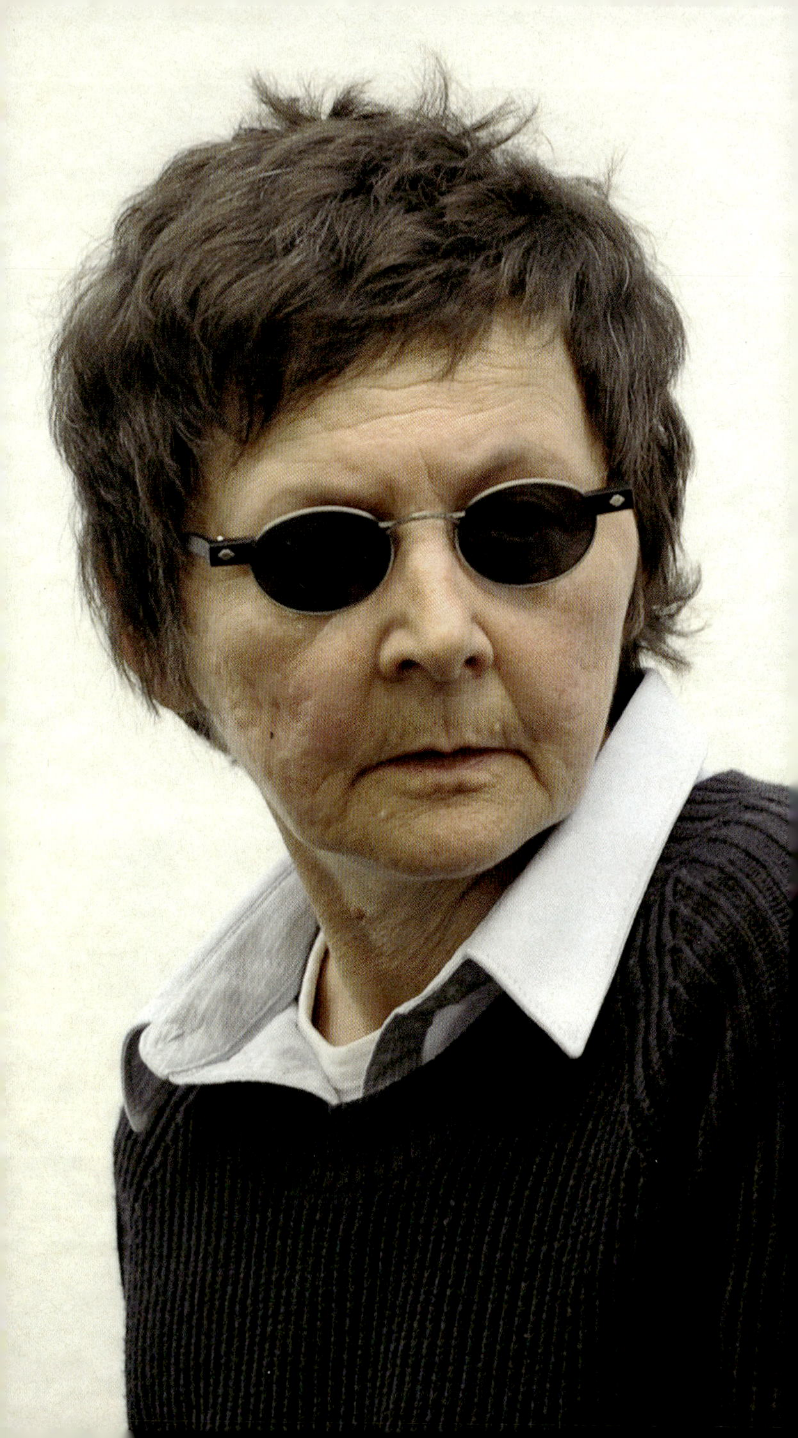

"The sun disappears behind the forest. It casts a few last soft rays, penetrating the entire forest as fiery ribbons of light and flooding the treetops of the pines with a luminous gold. The rays then fade one after the other, with only the last one lingering; it threads like a fine needle through the thicket of branches; and now even it is gone."

DAVE P. KOWALSKI, *Sheffield (Great Britain), personal trainer and owner of a web portal.* In the beginning, it was just a costly hobby: for years the personal trainer Dave P. Kowalski has been experimenting with diverse electronic devices and programs in order to analyze his body data as thoroughly as possible. Kowalski—athletic, attractive, and in his mid-forties—purchased a pedometer, a fitness strap, and even a sleep monitor. Over time, he also added various smartphone apps and, more recently, even two so-called smartwatches. He is a passionate follower of a movement that became famous under the name Quantified Self. The basic idea of these "self-trackers" is that we know little about our bodies and should therefore collect comprehensive body data in order to get to know ourselves better. So Kowalski was surprised when he monitored his sleep: "Very inefficient back then. Today I only need four hours, for it is not the length of sleep that is decisive, but the phases of deep sleep." In addition, Kowalski analyzes his calorie count, keeps a log on the length and intensity of his daily exercise, calculates his body fat percentage, pulse, heart rate, stress, et cetera. But it went beyond simply collecting and evaluating the data. Meanwhile, the son of a miner who had emigrated from Wrocław (Poland) is online almost 24/7. Kowalski shares his health data with thousands of other self-trackers on his own web portal called "Hello Doctor!" He speaks of a "new awareness of health" and of "swarm intelligence in human medicine." Visiting a doctor is hardly ever necessary anymore: in the case of problems, he simply assesses the data of comparable people. "What helped them usually also helps me."

GALINA STEPANOWA, *Kaliningrad (Russia), urban planner.* In response to the question as to whether she enjoys living in Kaliningrad, in this Russian exclave on the Baltic Sea, which is presently being hit hard by the sanctions against its motherland, Galina Stepanowa, who is thirty-four, replied that she always holes up in her small two-room prefabricated apartment after work to spend the whole evening and half of the night immersed in her books.

“You have to upend the system before it drives you crazy.”

DANA JABLONSKI, *Saco, Maine (USA), activist.* Dana had always been afraid of going crazy or becoming a criminal. Both tendencies were found in her family, though they went a bit further back to her maternal grandmother (insanity) and her paternal great-grandfather (criminality). Nothing in her life (college, sociology degree, permanent job, long-term boyfriend) indicated that her fear could ever take actual form. Until it caught her unawares five years ago. It was evening, and she was at her computer to make a purchase. As usual, the online merchant suggested items that she might like. Dana felt torn, for she liked all of the suggestions. She even felt a deep longing for them. "Am I so transparent that my desires can be computed?" She wanted to understand how all of this worked. When she entered "A" into her search engine, the browser automatically suggested the word "algorithm." And there it was again, her fear of going crazy. It was on this evening that Dana Jablonski decided to become someone else. She wanted to escape the control exerted by this system. For a moment she considered simply disappearing, but that would hardly be an option without engaging in criminal activity. So Dana Jablonski kept her name. But everything that she stood for was to remain safe from calculation. Dana decided to only participate in activities that she did not like, to buy things that she did not need. She posted opinions that were not her own, and she evaluated and "liked" anything contrary to her inclination. This consumed so much of her time that she had hardly any time left in her life for her vocation, friendship, or love. Even in her apartment only small paths were left between all of the items ordered. But Dana knew: each of these unpacked parcels represented a fallacy. She had succeeded. She was free.

“Since my death I have been wandering through the media like a ghost.”

LUCIA MAURO, *location unknown, actress and singer.* The sinking of the Espírito Santo was a calamity, but her true misfortune was the fact that she was even on the ship to begin with. Lucia Mauro had been a celebrity since her early youth, starring in countless telenovelas, motion-picture films, and the Brazilian edition of *Playboy*, but her true breakthrough came with "Lágrimas Como Pedras," which is still one of the most-played songs in the country. Two albums followed, along with several tours. Yet as she grew older, her fame slowly faded. She started to drink, checked into rehab more than once, and had plastic surgery done. Deep in debt, in 2008 she talked her manager into booking her on a cruise. She felt disgust any time she took to the stage. On the night of June 6, the Espírito Santo collided with a tanker along the coast of Trinidad, causing the ship to be evacuated. Even though in her youth Lucia couldn't go outside without being disturbed, no one in the lifeboat even recognized her. Lucia disappeared the same night that the Espírito Santo sank. The bodies of seventeen passengers and four crew members were recovered in the days that followed, but fifteen others were missing, including Lucia. After a week she was counted among the accident victims. The radios played her song over and over. Statements like "in our hearts she will never die" were found on her fan website again and again. Lucia Mauro rented a hotel room in San Fernando (Trinidad). Every evening she watched reruns of her films and concerts on TV Globo and decided that—should she live to see the tenth anniversary of her death—she wouldn't put herself through this again.

"In order to grow, we should prune ourselves, like trees."

CARLO DEL NERO, *L'Aquila (Italy), hotelier.* His business is peace and quiet. Even if he doesn't like to hear it. Carlo del Nero wants to improve the world with his "Hotel of Tranquility" instead of just earning money, for he's earned enough over the course of his life. As an adman, he and his Milan-based agency started working with the largest Italian companies in the early 1990s: UniCredit, Fiat, Edison. Until 2008 heralded not only the global financial crisis, but also a personal one. Why fly to India or Southeast Asia to find oneself? Italy also offers a spiritual tradition of retreat: monasteries. Del Nero decided to found his own. He purchased the ruins of a Cistercian monastery in Abruzzo and rebuilt it with its original layout. The cells became hotel rooms, and the cloister a yoga studio. Del Nero recommends to his guests that they follow monastic rules for the duration of their visit: chastity, poverty, obedience. Everyone has to strictly adhere to at least one rule. The hotel is a site of introspection where talking is not allowed. Most guests apparently say that they can already hear their inner voice after three weeks without telephones, computers, or talking. Del Nero himself last spoke six months ago. However, in the evenings the blue light of a monitor emanates from his cell. Carlo del Nero continues to be active in social media. "A little bit of advertising is still necessary," he posts.

“They named a bypass road after me.”

RAINER BOLLMANN, *Eckernförde (Germany), bookseller.* Residents of Eckernförde enjoyed coming into his store to chat and to distribute flyers for their reading circles and yoga classes, but they ordered their books online. The year 2010 held great opportunity for Bollmann. The city earmarked funds for a bypass road, and the building in which the old family bookstore was situated would have to go. It may well have been possible to dispossess him of the house, but instead the city made him a lucrative offer to buy. Bollmann wanted to use the money to purchase his own place on the island of Madeira (Portugal) in order to bridge the time until he retired. Yet Rainer had planned all this without informing his fellow Eckernförde citizens. They, in turn, started a public campaign against the bypass and declared the bookseller as their revered figure. The campaign was dubbed "Rettet Rainer" (Save Rainer). Demonstrations and candlelight vigils were held, leaflets distributed. The full ire of the citizens was directed toward the bypass project, despite it truly being necessary to keep delivery vehicles out of the downtown area. And such traffic had increased, especially because of growing online commerce. Rainer Bollmann secretly took the money and disappeared. The protest slowly waned. Even after the bypass road was built, there continued to be some incorrigibles who believed that Rainer had been dispossessed of his property. They still erect signs with his name along the bypass. Rainer is enjoying the climate in Madeira. The bread tastes terrible, and he has to order his books online.

“Modern and famously low-priced.”

MARGARETHE KÖSLER, *Klostermansfeld, Saxony-Anhalt (Germany), druggist.* For his entrepreneurial achievements and grand expansion success, the Swabian entrepreneur Anton Schlecker was the 1992 recipient of the "industry Oscar" of Germany's retail sector: a trophy called the "Goldener Zuckerhut" (Golden Sugarloaf). The lover of fast sports cars especially pushed his expansion efforts in eastern Germany starting in 1991. And so it was that the small drugstore in the town of Klostermansfeld became a Schlecker discount drugstore. Margarethe Kösler's skills and experience as a trained druggist were no longer needed after the takeover by Schlecker; the idea now was to stuff as many items as possible into the small store. According to Kösler, "no one wanted teas, essences, and tinctures anymore." Instead, they were looking for "Mr. Clean, Yes cake bars, and five-ply toilet paper." The store proved to be a gold mine, but the company nonetheless let an employee go in 1999 due to "redundancy." From that point on, two women were expected to do the work of three. Since this didn't always work satisfactorily, in 2001 a new division manager was sent to oversee the two women. She put them under enormous pressure: "Without enough revenue, the store will have to be closed, unfortunately." Starting in 2005 the revenue started to sink anyway. Margarethe Kösler was made personally responsible for this. Her suggestion that this might have to do with the "death of many elderly people in the village and the population drop throughout the region" was not accepted by the division manager. Nor was she willing to consider the role played by the new, spacious branch of the competition, the Rossmann drugstore, just one village over. No, Kösler was told that she needed to work longer hours. The work phone had to be shut down so that only a connection to company headquarters remained free. In the future, visits to the toilet were to be avoided if at all possible. Moreover, unannounced bag searches would be carried out from then on. On August 31, 2009, a Monday, the alarm clock rang at 6 a.m. But Margarethe Kösler could not get up. Her legs just wouldn't move, she was unable to speak, and she was weeping. Her husband made her some herbal tea and called the emergency physician. Margarethe Kösler was taken to the psychiatric hospital in Magdeburg. She never set foot in the store in her village again. In 2012, Schlecker went bankrupt and all stores in Germany were closed.

“I would rather not work.”

ROY MANKWART, *Berlin (Germany), unemployed.* Roy Mankwart studied art, but his passion was Noise Music and he earned money doing web design. In 2005, he realized that he wasn't getting anywhere. So he decided to stop working altogether and to take advantage of Germany's brand-new unemployment program, Arbeitslosengeld II. But once he became sick of being patronized by the Jobcenter, he decided to give it a go on his own. Roy was unable to pay his rent, so he stored his things in a studio building belonging to fellow artists, where a tiny, windowless storeroom had become available. Soon his friends noticed that Mankwart was sleeping amid the stacked furniture. And even though they had so little to live on themselves, they still took care of him, shared their dinner with him, let him have the deposit money from returning empty bottles. Perhaps it was a predisposition, or the lack of light, but Mankwart slowly became depressed. Since he no longer had health insurance, he started selling off his belongings in order to pay for medicine. He became a powerseller of his possessions, selling his CDs, furniture, and books online. His room was increasingly emptied out, yet he left the cubbyhole less and less frequently, until he stopped opening the door altogether. None of the artists had the courage to check on him. But a thin sliver of light was occasionally sighted under the door.

“My most important journey.”

SARAH MEZOUED, *Paris (France), blogger.* Adventurousness runs in the family. Her father rode his bike around the world and later presented slide shows about the trip. Sarah decided to pursue a contemporary form. She wrote a blog, and very successfully at that. Her first blog entry "100 Nights, 100 Men," chronicling her attempt to sleep in a different bed each night, sparked a furor in France. The report was printed in book form, and the twenty-three-year-old was a welcome guest on numerous talk shows. Another hit followed with "La Forage" (Drilling), a blog entry about her one-month stay on an offshore oil platform in the North Sea. In "La Frontière" (The Border), she then embarked on a journey along the refugee route from Benin to Europe. Her Algerian roots, clothing worn in layers, and a headscarf all helped to conceal her true identity. She wrote about the hospitality in Burkina Faso, about the rigorous trip through contested Mali, about stealing among refugees, about the smugglers who abandoned Sarah in the Western Sahara without water, forcing her into a state of distress where she had to drink her own urine. Sarah arrived in Morocco, where she treated herself to a few days of seaside relaxation in Tangier. Then the blog suddenly stopped at the point where she was to rejoin the refugees along the route at the Spanish enclave of Ceuta. The last entry read: "Only four meters now separate me from my goal, yet they appear insurmountable." The daily news reported that sixteen people drowned in early March while trying to swim across the sea to reach Ceuta. Sarah's father immediately traveled to the area. Since his daughter's success, he has also been using Twitter: "I will remain here until I have found #SarahMezoued."

“Land of dark forests and crystal-clear lakes, wonderous light shines across expansive fields ...”

ALOIS FREIHERR VON LINTBLATT, *Hageböк (Germany), caretaker.* A life full of pain: born in 1933 in Tilsit, East Prussia (today Sovetsk, Kaliningrad Oblast, Russia), son of an abusive estate owner. Outbreak of the Second World War in 1939, death of his two sisters during an air raid on Tilsit in 1943, relocation to Königsberg (today Kaliningrad, Russia) in 1944, where his father committed suicide. He fled across the Baltic Sea to Sassnitz (Rügen) with his mother in spring 1945, where the harbor was bombed, his mother died, and he barely survived, seriously wounded. Afterward Lintblatt was unable to speak. He was sent to an orphanage in Wismar (Mecklenburg). His "homesickness" was so strong that he was sedated for years. Later he went to a special education school in Wismar. In 1951, he briefly considered fleeing to the West but decided to stay in East Germany due to his handicap. In 1952, he was given a position as caretaker in Hageböк (Mecklenburg), became addicted to alcohol. Lintblatt spent his whole life alone, without a partner. In 1976 he was briefly arrested for drunk driving. He successfully completed a rehab program in 1977. Then, in 1985, Lintblatt was picked up along the Polish–Russian border, presumably on his way to Tilsit. He was arrested and held at a Polish border station for three days; silent tears, three days long. The border guards felt uneasy. He was sent back to East Germany and immediately placed under psychiatric care, was treated for severe depression. In 1986, he was convicted of illegally crossing the border into the USSR and fined. In 1992, after the Kaliningrad region was opened to tourism, Lintblatt took his savings and booked "the grand East Prussia trip" for 2,499 DM at a Hamburg-based travel agency. For the first time since 1945 he felt something akin to happiness. He could speak again: in a thick, specifically East Prussian accent. On March 8, 1993, his sixtieth birthday, Alois Lintblatt stood, his mother's diary in his pocket, at the bus stop in Hageböк waiting for the bus to East Prussia to arrive, once again in tears, but this time tears of joy. He stood there for three hours. The bus never came. Lintblatt went to a telephone booth and called the travel agency. The number did not exist. Then he called the police, and the officer asked him tersely how he could be so naïve as to ever trust someone from West Germany. Lintblatt went to the village store, bought a bottle of schnapps, and went home to drink it. That felt good. Then he hung himself.

"They treat us like shit."

STEFAN GRIMM, *London (Great Britain), pharmacologist.* At the age of fifty-one, the renowned pharmacologist had reached the pinnacle of his career. He had made a name for himself internationally in molecular-biological research on anti-cancer genes in particular. Being offered a position at Imperial College London (ICL) was a plausible progression. Yet Grimm, who was born and raised in Germany, wrote the following in a final email penned after twelve years of research activity at ICL: "Have I ever regretted coming here? I have enjoyed the exchange and collaboration with my colleagues enormously. But like many of them, I have fallen into the trap of confusing the reputation of science here with present-day reality. This institution is no longer a university, but rather a 'business' with merely a few individuals high up who reap profits while the rest of us are financially milked, be it professors for their third-party funds or students who have to pay 100 pounds in order to extend their dissertation eligibility. The truth is that the career scientists at the apex of this organization only assess their colleagues according to the numbers, be it impact factors or the acquisition of third-party resources. In fact, third-party funding is all that counts here, not scientific output. What the blokes don't realize is that they are destroying their lives. Indeed, they have now utterly destroyed mine." Stefan Grimm sent this email to his colleagues and then took his own life on September 25, 2014.

“Growth as an end in itself is not a social model. What is so promising about pedaling like crazy in a hamster wheel? I wanted a society in which people discuss such issues seriously; instead, East Germany was integrated into the political system of the West without calling this into question. But after twenty years of neoliberal capitalism, we cannot continue on this way. I lived outside of Germany for a long time. After coming back last year, I noticed that relations between people have become more distanced. People are wearing fashionable clothes but have blank faces.”

BÄRBEL BOHLEY, *Berlin (Germany), civil rights activist and painter.* Bohley, who was probably the most well-known opposition activist in East Germany, left Berlin in 1996 to build shelters for refugees in Bosnia and Herzegovina. In 2008 she returned to her former apartment in the Prenzlauer Berg district of Berlin. She died of cancer in 2010.

“I woke this morning with a new name: Wolfking Awesomefox.”

EDWARD SNOWDEN, *Moscow (Russia), whistle-blower.* On ars technica, a news portal that is primarily geared toward gamers, Snowden has posted several threads since 2001 under the name TheTrueHOOHA. Among other topics, he has discussed "Max Payne 2," a third-person shooter game about a New York policeman who fights alone against a great conspiracy. In 2008, he announced in the forum that he was going to change his username. At this point in time he was working for the CIA in Geneva. One of his supervisors noticed that Snowden had obtained access to secret documents, so in 2009 he was transferred back to the United States. In 2013, he disappeared and gained worldwide notoriety with his revelations about the practices of the National Security Agency. When asked by the journalist Glenn Greenwald what in his life had moved him to act in such a moral capacity, Snowden replied from his Hong Kong hotel: "video games."

“In the alienating process of alienated work, the worker alienates himself not from the work but from himself. He is more prone to destroying himself than the system that alienated him.”

GREGOR SEMMLER, *Mallorca (Spain), screenwriter.* He sits in his finca on the island of Mallorca enjoying the fabulous view. But he now lacks any kind of prospects. He had a good business going as a screenwriter. Comedies, thrillers, romances—he had mastered all genres. And unlike many of his colleagues, he was not even plagued by writer's block. Ideas came to him on any subject. However, Semmler avoided watching the results of his work. When he was once confronted with one of his films by chance, he literally cringed. It was not as if the craftsmanship of his work was poor. On the contrary: everything flowed just fine. All of the entanglements experienced by his characters were resolved in an ingenious, plausible way. In the end, all conflicts and abysses happily led to global conciliation on a grand scale, for this has always correlated with the viewing habits of the masses. But all of a sudden Semmler no longer felt like writing in a conciliatory way. He started sabotaging his own work, first subtly and then ultimately with a heightened sense of the irreconcilable in his screenplays. After less than a year, no one wanted to book him anymore, indicating that his previous material would last for a while. It remains unclear what Semmler will live off of in two years' time.

“I didn’t make this decision in order to be a hero.”

ANDRÉ SHEPHERD, *Chiemsee (Upper Bavaria, Germany), deserter from the US Army.* In mid-2006, stationed in the Franconian town of Katterbach (Germany) following his first deployment in Iraq, André Shepherd was made aware of the torture taking place in Abu Ghraib, of thousands of murdered citizens. Up to that point he had believed that the American occupation of Iraq represented only good. On April 11, 2007, Shepherd took up residence in Upper Bavaria and applied for asylum, stating that his conscience would not allow him to participate in a war that contravenes international law. When the authorities asked Shepherd why he had even joined the army in first place, he replied that he had been without a home and forced to sleep in his car at night. Back then, a recruiter appealed to his sense of honor: "Shepherd, when are you going to finally do something for your country?"

“I am still in good shape, but it is now getting more and more cold and boring, especially at night.”

DANIEL BARANIUK, *Gdańsk (Poland), unemployed machinist.* After 196 days, Daniel Baraniuk descended the ladder from his 2.5-meter-high pole for the last time at Heide Park in Soltau. The twenty-five-year-old Pole was the new world champion in the sixth pole-sitting marathon. He had just secured mention in the Guinness Book of World Records: with enormous stamina and body control, Baraniuk braved heat, cold, and the elements to beat, by twelve days, last year's world record set by the Swabian Roland Maier. He said that the many Polish visitors to Heide Park had entertained him to keep his spirits up. And there was even a collegial rapport among the rivals. For instance, his neighboring competitor Hermann Kümmerlehn from Leer (East Frisia) tried to teach Baraniuk German. Until Kümmerlehn fell asleep one night and plummeted from the pole. Baraniuk will receive prize money of 22,800 euros, which the unemployed machinist will put toward building a house for his family in his home country. Aside from the award, he also received an hourly wage of 4.70 euros. "More than my unemployment benefits," stated the Pole.

“Get it up there!”

MARCUS STEPHEN, *Nauru, weight lifter.* Nauru Island in the South Seas is the smallest republic in the world, with only 10,000 citizens. The country was once home to an immense deposit of high-grade phosphate, which was first exploited by the Germans, then the British, and finally the Australians. In 1968 came independence: the Nauru government nationalized ownership of all the phosphate resources and distributed the profit among the citizens. Nauru thus became the richest country in the world—assessed according to income pro capita. As of the 1970s, the islanders were so wealthy that there was no longer any need to work. Chinese migrant workers took care of that. The nation, as affluent as it was, did completely without taxes. It provided its citizens with full medical coverage and one cleaning lady per household. According to an elementary school teacher in Nauru, back then people "just stayed in bed for a long time" before taking their Jeeps for a spin in the afternoon on the only twenty-nine-kilometer-long village road, stopping at one of the new fast-food restaurants along the way. "If the vehicle ever ran out of gas, it was simply left beside the road. People here had lost a sense of the value of things," she reports. Over the years, the Nauruans gained more and more weight. And then the phosphate deposits began to dry up in the early 1990s. No one had saved money, the state was bankrupt, 95 percent of the population was overweight, and about 30 percent suffered from diabetes. There was nothing left to do, the ground was barren, and life was boring. Young Marcus Stephen left the island to go to college in Australia, with the intention of never returning to Nauru again. But then, in an Australian gym, he discovered the ideal sport for—as he called it—"short, fat, and sturdy people": weight lifting. He moved back and brought a few dumbbells with him. Stephen became a world champion and the coach for an entire nation at the same time. Today, weight lifting is the national sport on Nauru Island. And at the end of his sports career, Marcus Stephen was elected president of Nauru.

"A tingling sensation that runs through my whole body. Colors, flashes, and a voice that softly hums in my ears. Sometimes I can fly. Other times I have to throw up."

RAKEL TRYGGVADÓTTIR, *Wellington (New Zealand), student.* She wanted to leave her home in Iceland to study abroad. She went even further away than her fellow graduates. Maybe because she secretly hoped to elude her sickness. Everyone in her family had epilepsy: her parents, her brothers. It was said of her grandparents that they had been conjured by trolls. It was during the third semester of her design program at the University of Wellington that the illness also struck Rakel for the first time. Just for a short moment, where she blacked out and forgot everything. One or two seconds, and then she was there again. Her fellow students didn't notice a thing. "Petit mal" is the name used for such seizures, and the pain they cause is indeed rather slight. Soon the blackouts were preceded by an aura that felt more severe. Yet Rakel actually likes the seizures. "They lend my life a sense of unpredictability. I like that."

"I want her to see what she did to me. Every single day."

AUDRIC BRIARD, *Liège (Belgium), lawyer.* They had a deal. Audric would stay home with the kids for a year so that she could finish her doctorate in media theory, and then they would trade places so that he could take his second state examination. But Claire, his wife, ran into problems with her subject: "The History of Slow Motion." When the year was half over, he started helping her. Audric immersed himself in related literature and began to enjoy the topic. He took over work on her dissertation more and more, until he ultimately wrote it himself. After all, he wanted to finally enter professional life after completing his law degree. The last few years they had lived off of scholarship funds and money from her father, who had also bought their apartment for them. Audric would've liked to have attended Claire's defense of her dissertation, especially considering that he had written it and was proud of his work. But she didn't want him to come. After she passed, he found out why. Claire was having an affair with her doctoral advisor. She filed for divorce. The only reason he got out of her was: "You leave me no space to breathe." Claire suggested that they spend the coming years living according to the so-called "nest model," where the children stay in the apartment and the parents each have their own place and switch off. Audric refused. He was no longer willing to cooperate. Not only had he lost a full year because of Claire, but now she also wanted him out of the apartment. After her father kicked him out, Audric built himself a shack made from plastic sheeting and palettes, which he hardly ever leaves. Every morning Claire walks past him with the children on their way to school. The divorce proceedings are still underway. Audric Briard will be representing himself.

“They cannot swim. When they fall in the water, they drown. Sometimes our fishermen find corpses in their nets.”

ANONYMOUS, *Lesbos (Greece), coast guard officer.* In July 2007, in a secret interview with an NGO that campaigns for the rights of refugees, an officer from the Greek coast guard tersely replied to the question of the precise mobilization orders: "We are protecting the borders of Europe." As the conversation went on, however, he spoke in more concrete terms, even pouring his heart out: "Whenever we see a refugee boat, we then send them back. Or we pull them back into Turkish waters ourselves. There we leave them on an uninhabited island. But there have also been cases where we destroyed the boats while in view of the Turkish coast. We poked small holes in their inflatable boats, gave everyone a paddle, and off they went! But one time they didn't make it to the shore in time. It was terrible. The children were screaming, and the mothers. After three minutes, silence set in. Nobody is immune to that." When the shocked NGO worker asked whether a report had been filed about this horrific incident, the officer replied: "No, because I am afraid of being sent to jail. But I do feel remorse and shame." At the end of the interview he said that he and his fellow sailors had agreed to never again send a refugee boat back. "Not even if under orders. With God as my witness."

“Madness. The solution to all issues.”

PEADAR O'DONNELL, *County Mayo (Ireland), geologist.* After a sleepless night, Peadar stayed in bed and thought: "My life and the world cannot continue on this way." If he considered it rightly, the two had similar problems. He suffered from obesity, the world from overpopulation. The resources of the planet were depleted, and so were his own. Although Peadar earned a fixed salary, every year he had to work more to support his family. The growing monoculture of the earth was juxtaposed with the monotony of their small-family life. And just as the global climate was getting warmer every year, threatening the survival of humanity, his relationship to his wife was getting cooler, thus endangering their marriage. But what should he do to save himself and the world? At first he only thought of obvious things. He could get out of the system and move into a commune in the country in order to try out new forms of communal life and work. Self-supporting physical labor in the fields would help him lose weight and make him happier. The community would take over the education of his children. And being liberated from alienated work and city air would allow him to encounter his wife in a new way. His life would become more sustainable, and he would, as far as possible, cause less damage to the planet. This idea had just one hitch. Peadar O'Donnell was too much of an only child, individualist, and lone wolf to be willing to integrate himself into a community for the long term. He could only stand to attend parents' evenings at school for an hour at most and could endure class trips with his students only because he called all the shots. Peadar had already come across a pleasant rural commune in County Mayo, where several generations managed a forlorn country estate, when the solution to his problem came to him. He would go crazy–or rather pretended to go crazy. But of course not until they had moved into the commune. His unpredictability gave him the freedom to leave the community or to stay close whenever he so desired. Did his actions not actually reflect precisely that egoism that was causing the world to go downhill? Certainly not. For when, after one of his feigned fits of weeping, Peadar sought comfort from other commune members and a lovely female resident soothingly stroked his hair, he only needed to give her a wide smile and the young thing already felt happy and needed.

"Not hearing the telephone at night; that's my greatest nightmare."

ABBA MUSSIE ZERAI, *Aarau (Switzerland), priest.* In 1991, sixteen-year-old Abba Mussie Zerai left his home country of Eritrea to visit his father in Italy. Zerai arrived by plane in Rome, in possession of a tourist visa. But he then became stranded: after a short time, his father wanted nothing to do with him. Zerai stayed in Rome anyway, illegally. He struggled along selling fruit and newspapers but then at Termini Station happened to meet a British priest who took Zerai under his wing, helped him apply for asylum and later even find a regular job: Zerai spent four years working as a translator for the Catholic Church. He went on to study theology and, in the end, became a man of God himself. In 2010, Zerai was transferred to Switzerland in this capacity. On the side, Abba Mussie Zerai—who is proficient in six languages—has assisted other African refugees again and again, first in Italy, then throughout Europe. He gave out his cell phone number. It was passed from person to person. At some point, this number was circulating through many different African countries; it was even found etched into the walls of prison cells in Libya. These days, hardly a refugee boat leaves northern Africa without Zerai's number aboard somewhere. The priest is virtually revered, is considered to be a patron saint who can be appealed to directly when times get rough. Zerai has the refugees give him their last coordinates via text message and then contacts the Italian coastguard, even the European media. The Italian government is very appreciative of the fact that he has already saved over 6,000 lives.

“This land is your land, this land is my land …”

PAUL HEWSON, *Sun Valley, Idaho (USA), musician.* Every year in July they all gather together, the visionaries, the wealthy, the powerful. A banker from New York, Herbert Allen, Jr., invites them all to his ranch in Sun Valley, Idaho: Warren Buffett, Bill Gates, Steve Jobs, Andy Grove, Eric Schmidt, Mark Zuckerberg, Larry Page, Rupert Murdoch. To name but a few. And Hollywood comes as well: Tom Hanks, Candice Bergen, Ron Howard. And also the most important journalists from the large dailies and magazines, along with leading politicians, judges, prosecutors. The highly informal Sun Valley Conference always lasts a week. The attendees eat and drink together, exchanging information—all while shielded from the press. No one has ever photographed the event, but reports do occasionally surface. Apparently it is tradition for all the guests to dress in Western attire on the first evening: cowboy hats, boots, revolvers. They are taken to a remote pasture in horse-drawn carriages, where a campfire, steaks, and beer await them. A country band plays. The lead singer Paul Hewson has already been a part of this event for twenty years. He originally moved from Dublin to Manhattan as a destitute street musician, with wife and children in tow. At the time, he knew no better than to position himself on Wall Street of all places. For a whole year, exposed to all the elements. What happened then reads like a fairy tale: Herbert Allen, Jr., hired Hewson as a musician for his ranch in Idaho. His family moved there immediately. Paul Hewson became a rich man, very rich. Nowadays he plays at almost every Hollywood birthday party, only the American classics.

“We can image the brain. But there is no cure for stupidity.”

GÜNTER H., *Tübingen (Germany), animal caretaker.* He loved his profession. People enjoyed hearing about it and used to ask about his work at family celebrations or his sports club. Animal caretaking was a pleasant topic. But Günter H. was also proud to participate in a large research undertaking. Nikos Logothetis, one of the world's leading neurologists, had succeeded in fully imaging the human brain using a tomograph at the Max Planck Institute in Tübingen. This is comparable to being able to count all the raindrops in a downpour at once. Günter H. didn't really understand the specifics, but he did realize that it represented a great leap in the treatment of neurological diseases. And he was contributing to this research with his primates. Of course it wasn't nice to have to keep the animals in cages. But aside from the fact that there is hardly any habitat for apes left anyway, they could never survive in the wilds on their own. It all started with a new colleague who secretly wormed his way in on behalf of the self-professed animal-protection agency Soko Tierschutz and took videos of apes with bleeding heads. The images were taken out of context. After new measuring diodes came into use, the wounds on some animals had not yet healed, but they were immediately treated by a veterinarian as soon as they were discovered. Nonetheless, the pictures rapidly circulated through the Internet and made their way onto German television. All of a sudden Günter H. and his family were no longer safe in town. Store owners refused to serve him and his wife, his kids were smeared with blood in school, and one morning he found these words on his front door: "Animal killer, we'll get you." And even though the director of the German Primate Center publicly declared that animal welfare was not endangered during these experiments, the agitated atmosphere did not calm down. Even the ecologically oriented mayor Boris Palmer stood up for the institute and was hit on the head by a pebble for his efforts. Günter H. and his family could no longer stand the pressure. He quit his job, sold the house, and moved to a neighboring city that he would prefer not to name here. The following was posted on the website of Soko Tierschutz: "Animal caretakers leave the sinking laboratory." Even though Günter H. had nothing to reproach himself for, he no longer wanted to work with animals. The German unemployment office agreed to pay for a retraining program as geriatric nurse.

"As the managing director of the IMF, I was charged with saving the world at the height of the financial crisis. I was in need of diversion and relaxation."

DOMINIQUE STRAUSS-KAHN, *Paris (France), financial expert.* Son of a Tunisian mother (editor of a socialist daily newspaper) and an Alsatian financial consultant, Dominique Strauss-Kahn grew up in Morocco and Monaco. He soon moved to Paris to study economics and became a member of the Union of Communist Students (UEC). He worked at the Marxist-oriented research center CERES starting in 1971, was an economics professor in Nancy from 1977 to 1980, took on a professorship at the University of Nanterre in 1981, later moving on to the university Sciences Po in Paris. In 1982, Strauss-Kahn published his first book, *L'épargne et la retraite*. He also became a member of the Socialist Party of France. He was elected as Member of Parliament in 1986 and became Minister for Industry and Foreign Trade in 1991, Minister for Economics, Finances, and Industry in 1997, top functionary of the Socialist Party in 2004, Director of the International Monetary Fund (IMF) in 2007, and a most promising leftist candidate for the office of French President in 2010. He was accused of having attempted to rape a maid in New York City on May 14, 2011, a case that was settled out of court. Then, on February 2, 2015, criminal proceedings were initiated against Strauss-Kahn and thirteen other men associated with the bordello industry. They were accused of "aggravated pimping." They collaboratively staged "parties" where women were held and abused as slaves. Witnesses spoke of "sexual carnage." Strauss-Kahn was described by women as being extremely vulgar and brutal.

“Everything is everyone’s fault. But no one is allowed to know. Otherwise we would have paradise on earth.”

LÔRINC GARA, *Moisei (Romania), former bishop of Kaposvár.* The Hungarian bishop was not very popular in Rome. He became known, among other things, for criticizing the Vatican's financial dealings. One of his accusations: "At the same time that we preach about sin and original sin, we are using illegal millions to open an offshore paradise." In his disappointment with the election of Pope Benedict XVI, Gara asked this Pope to relieve him of his position. Ever since, he has been living in seclusion in a mountain cabin in the Eastern Carpathian mountains in Romania, herding sheep. He is disinclined to believe in a new Franciscan church for the poor. He would rather stay with his herd.

"Eating wisdom on a spoon: shrimp, coffee, bananas, onions, sage, eggs, blueberries, fish, curry powder, hazelnuts, avocado, wine, broccoli, rice, whole-wheat bread, and of course lots of tap water."

ALINA BARTUSSEK, *Berlin (Germany), restauranteur.* In February 2015, Alina Bartussek resigned from her job at the bohemian restaurant Grill Royal in Berlin in order to open her own place for the first time, called Le Super Cerveau in the Neukölln district of Berlin. Only seventeen ingredients are on the menu: precisely those that have been proven to best heighten the performance of the human brain. The guests at Le Super Cerveau are likely nearly the same as those who frequent the Grill Royal, for Alina Bartussek certainly has connections. For example, the Berlin-based producer of wooden shelving and Suhrkamp author Rafael Horzon visited immediately, almost daily. And the Hamburg-based performance artist Jonathan Meese is often seen at Le Super Cerveau, as is the German discourse rocker Dirk von Lowtzow. For autumn, the "two great Beckers" each reserved a table: actor Ben Becker with his friends from the rock band Böhse Onkelz and trainer Boris Becker with Germany's young tennis talent. As the likeable Bartussek notes with a twinkle in her eye: "A bit of indiscretion in Berlin goes hand in hand with success."

“Our actions are tied to situational conditions. We are aware of the power of rules, can actively influence the achievement of goals, and always want to make the best of limited opportunities. Our actions are rational.”

PROF. EM. PETER C. MADDOW, *Eureka, California (USA), economist.* He told some of his colleagues that it was a "formative experience." It was one his final lectures. The hall was filled, and a group of young students came in and chanted: "K.T.H.O." which stands for "Kill the homo oeconomicus." He was already familiar with the acronym. It had been smeared across walls all over campus. Maddow was considered to be one of the leading neoliberal visionaries in his country. He had even advised several presidents. Rational decision-making was always at the heart of his research. When he saw the students in front of him, he was overcome by an irrepressible fury. He grabbed his keys and wanted to pummel them. But then he remembered that they would film him with their phones and post the videos on the Internet. Maddow let his keys drop. By the end of his lecture, the bloodlust had subsided.

“I like to get to the bottom of things. Objects have their own truth, their own agency, detached from all philosophy.”

RANDOLF ORLAC, *Yantian International Container Terminal, Shenzhen (China), nautical officer.* Randolf Orlac, twenty-nine years old, could easily have come straight out of an early evening TV series, a perfect cliché of a sailor: 1.97 meters tall, brawny, sporting a full beard. The second officer of the German container ship Nedlloyd Cusco was generally considered to be a good comrade, quite intelligent, and most important: absolutely reliable. Any shipping company in the world would consider such a man invaluable. Orlac grew up in a prominent, leftist-leaning, liberal family in Hamburg. His mother was an actress, his father a publisher, and his two sisters are highly eloquent journalists. His parents would surely have preferred to have Randolf attend university as well. And he did study, but on his own, at sea: Marcuse, Anders, Adorno, and more. Even the postmodern French philosophers. And then contemporary theorists: Negri, Žižek, Piketty. Reading everything in e-books, at night on the bridge, while the 400-meter cargo ship with its 8,000 containers plowed through the jet-black Pacific on autopilot. But Orlac ultimately became even more confused: everything is wrong, everything is right. He saw himself standing up on the bridge—a reading, thinking, and fretting being—transporting tens of thousands of containers full of sneakers, consumer electronics, and plastic toys into the Western world, year in and year out. And it was his sneakers, his laptop, his e-book, too. In his cabin, there was nothing that had not been produced in the Far East. Almost all of his possessions came from China. What now? Orlac simply disembarked in Shenzhen. He fled without giving any grand explanations, saying only: "I'll be back, Captain. I just have a need for spirituality right now." The captain was shocked, couldn't understand. No one could understand. The Nedlloyd Cusco had to spend fifteen costly hours longer at the container terminal. This is how long it took for the shipping company to have a replacement worker flown in.

“We are the 99 percent of the assimilated.”

MERRIT CARSSON, *location unknown, former activist.* She doesn't want to reveal her new name, nor where she lives. Only that she lives the conventional life of her parents, which she never wanted. Anything to not attract attention. For the old Merrit Carsson is no longer allowed to exist. She was one of the first people at Occupy Wall Street. The time spent in Zuccotti Park—life in the tent—was the best thing that could have happened to her. Even better than all the scout camps during her childhood and all the experimenting with sex and drugs in high school combined. Because she knew that she was fighting against the right thing: against capital, against the power of the banks, against the 1 percent that controls and exploits the other 99 percent. After the camp was cleared, she no longer wanted her former life back. She continued on to the protest camps in Madrid and Frankfurt. Once the movement began to wane, she became more radical. With the help of a Greek friend, she joined the Federazione Anarchica Informale, a European group that for instance tried to send a mail bomb to Josef Ackermann, who at the time was the CEO of Deutsche Bank. In 2012, the Italian police carried out a large-scale razzia on the apartments of group members. Merrit disappeared. After her parents passed away in a deadly accident, she didn't even travel to the United States for the funeral. She used her inheritance to buy herself a new identity. She invested the remaining money, in a conservative way, in order to remain anonymous.

“I don’t want two states. The Palestinian government is no good and has to go. I only want one state, a Jewish one. Yet without racism. But so long as they attack the Al-Aqsa Mosque on Temple Mount every day, it means that they don’t want peace, and thus no peace will be possible.”

MUHAMMAD ANATI, *Al Fawwar Refugee Camp, Hebron (Palestine), unemployed.* On August 10, 2014, Muhammad Anati's ten-year-old son, Khalil Anati, was shot from behind by an Israeli military patrol. The boy may have been throwing stones at the armored vehicle, probably as a part of a dare–for in the camp, the boy had been mocked as a "scaredy-cat." The Israeli Army later apologized on Twitter: "The Army regrets the death of Khalil Anati. The incident will be investigated by the military police." Khalil's father's reply: "Soldier, what good did your shot do for this country?"

“Their grimaces form lines of defense against smiling and anticipate the rigormortis of their corpses.”

MARKUS STENZEL, *Manaus (Brazil), photographer.* For years he was an assistant to a well-known photographer. After being fired, Stenzel realized that it was too late to start a career as an artist. So he took a position as photographer on a cruise ship. His job: photographing the passengers on board and during excursions on shore, and then selling the prints to the respective individuals. It wasn't until he was on the ship that he grasped that his earnings were dependent on how many prints he sold. The unbearable working conditions on the ship, surrounded by so much luxury, were ludicrous. Stenzel started to neglect his duties. Instead of photographing guests on board, he wrote short profiles on the passengers and slipped them under their cabin doors. In Manaus he was give a choice: either pay for the return trip himself or leave the ship. Stenzel chose the latter.

“They gave me an award.”

YOHANNES HUNDE, *Addis Ababa (Ethiopia), film director.* The biggest African film festival in Europe takes place in Spain. Once a year, the small city of Tarifa, Andalusia, is filled with life. Filmmakers from all over Africa meet here, but also many Europeans. They engage in discussion, dance, drink, and watch movies at the cinema. Yohannes Hunde arrived at the festival for the first time with a short film about his mother. It was his first time in Europe. He liked the atmosphere, found the climate to be much more pleasant than he had imagined, and the women more beautiful. On the first night, he met two Germans, both filmmakers like himself, and deemed them to be friends. On the second night, Hunde decided to stay in Europe and confided in his new friends. The Germans didn't seem excited at all. They wondered whether it was really such a great idea, indicating that it is hard to survive in Europe, especially making films. They asked him how he meant to support himself. In Ethiopia, this question is uncertain for Hunde as well. But at least he managed to make this film. His German friends suggested that he inform the festival management of his plans. They also warned him not to stay. The risk of being deported was too high, they said. But they wanted to help his film win the award and be sold to a Spanish television station. And it actually happened. After five days, Yohannes Hunde flew back to Ethiopia. But his German friends stayed a few days longer.

“I still have two irons in the fire.”

PETER-JOCHEN Z., *Göttingen (Germany), sales representative.* At the Jobcenter, he still seemed optimistic. The fifty-seven-year-old was strongly against applying for Arbeitslosengeld II unemployment benefits. The former professional soldier had already worked for many different companies as a sales representative. His coworkers described him as a quiet, likeable, unremarkable person who had lived alone since his divorce and enjoyed reading in his free time. His disappearance was just as unremarkable. Two hunters found his mummified corpse in a forest near Göttingen. Peter-Jochen Z. had retreated to a raised stand built for hunting in order to starve himself to death. On a blue writing pad he logged his gradual decline: what it tastes like when bile slowly comes up, how it feels when one's limbs start to give out, what it feels like to progressively lose any sense of time. He completely failed to mention his state of unemployment and the reasons behind his demise. On December 13, presumably his last day alive, he wrote: "After my death, this notebook should go to my daughter. What she does with it is up to her."

Sven Johne / Sebastian Orlac
Anomalies of the Early 21st Century

Spector Books

Sven Johne, born 1976 in Bergen on Rügen, artist and author, lives in Berlin. Sebastian Orlac, born 1970 in Bochum, author, lives and works in Berlin and on Rügen.

Concept: Sven Johne; Texts: Sven Johne, Sebastian Orlac; Images: Internet; Graphic Design: Helmut Völter; Lithography: Carsten Humme; Editing: Rebecca Wilton; Translation into English: Dawn Michelle d'Atri; German copyediting: Rebecca Wilton; English copyediting: Amy Klement
Printing: Elbe Druckerei Wittenberg
The text section is printed on recycled paper.

Kindly supported by The Chamber of Labour Vienna.

Spector Books, Harkortstraße 10, 04107 Leipzig, Germany
www.spectorbooks.com
ISBN 978–3–95905–067–8

Sven Johne
Sebastian Orlac

ANOMALIES of the Early 21st Century

Some Case Studies

Spector Books

“Start every morning with a smile.”

MARK ZUCKERBERG, *Bogotá (Colombia), founder of Facebook.* The thirty-year-old self-made billionaire spoke in Colombia, the seventy-third richest country in the world after all, about the secret to his success: “Hey guys, there’s no sense in thinking that no one else could have done it. I simply got lucky.” Shortly after the trip, Zuckerberg bought up all the plots of land bordering his estate in Palo Alto, California, in order to protect his private sphere in the best way possible.

“I’m merely human, not a machine.”

ANGELINA HEGER, *Surfers Paradise, Queensland (Australia), reality TV star.* The twenty-two-year-old became famous through participating in the show *The Bachelor*, where eight candidates woo an attractive bachelor. Angelina Heger was the first runner up. Photographs of her were published in *Playboy*, and in 2015 she participated in the German show *Ich bin ein Star – Holt mich hier raus! (I'm a Star … Get Me Out of Here!)* For two weeks, ten candidates have to survive in a so-called "jungle camp" in Australia and try to win the favor of the viewers. However, Angelina Heger could not seem to become integrated into the camp. She was terribly homesick, lay listlessly in a hammock, cried frequently, and ultimately refused to eat. After seven days she announced her departure. Of her wage of 45,000 euros, Angelina would have to pay 30,000 euros in penalties for leaving the camp prematurely.

“He’s immersed in a war that does not exist.”

HENNING VAN DER LEEN, *Hilversum (Netherlands), IT consultant.* If Henning van der Leen had known that it would be forever, he would have at least said good-bye to his son. Peer wanted to move to Rotterdam to study computer science, like his father before him. His parents knew about his passion for computer games and weren't surprised when Peer announced that he wanted to earn some extra money while at university by working as a test gamer. But then he severed all contact. It was a pure coincidence that his parents learned that Peer had dropped out of college and applied for welfare support. They first heard of his addiction from his former roommates. Peer was addicted to WoW (World of Warcraft), a massively multiplayer online role-playing game (MMORPG) that was launched in Europe in 2005 and updated for the fifth time in 2014. Set in a fantasy world called Azeroth, the player usually takes a bird's-eye view of his respective gaming character, encountering other figures in the game which opens up various opportunities for interaction. Thus battles are fought, players communicate with each other, and commerce is carried out. No matter what they tried, Peer refused to engage in any kind of contact with his parents. Henning finally decided to found a self-help group called "Parents against Gaming Addiction." He went public with the group, spoke with other affected parents along with his wife, and exercised political pressure so that more educational material would be made available in schools. From his research he knew that addicted personalities usually live on welfare in tiny apartments, subsisting on easily made fare like toast, pizza, and baby food, or even wearing diapers in order to avoid leaving the computer and their characters. Henning still hopes that his son will leave Azeroth and enter real life again. In the meanwhile, he has devoted himself completely to the self-help group. Henning's business is practically broke. In one or two years he will also have to apply for social welfare.

“Climate change and world wars will no longer have a bearing on me personally. But what I will miss is Haribo. I’m going to take a few packets with me and treat myself on my birthday.”

ROBERT SCHRÖDER, *Darmstadt (Germany), electrical engineering student.* From a pool of 200,000 candidates worldwide, exactly 100 finalists were selected in February 2015 to purportedly have an opportunity to fly to Mars. Robert Schröder, age twenty-seven, is one of these candidates. If he passes all further tests, then he may be among the twenty-four daring individuals to establish the "Mars One" colony around 2025. They will spend the rest of their lives in modular stations, greenhouses, and water treatment plants, surrounded by a harsh, life-threatening sphere, which is in turn surrounded by cosmic radiation. There is no planned return flight for the colonists since resources on Mars are simply not sufficient for building a rocket. "Mars One" is supposed to be accompanied by the Dutch media production company Endemol, which also developed *Big Brother*, thus making a lifelong TV event possible. Robert Schröder hopes that he will at least have some peace and quiet in the bathroom. He would like to start a family on Mars. "I would like to have a peaceful life," says Schröder.

“Retreat was my only salvation.”

ROLF JOHNE, *Berlin (Germany), pensioner.* He didn't want to go back. An expert even certified that he was allergic to Germany, and a court confirmed it. After a severe illness and long-term unemployment, Johne was granted German welfare funding while residing in Miami. But after the newspaper *BILD* caught wind of his case and made him famous as "Florida-Rolf," he had no other option than to return. The newly elected red-green administration announced, under public pressure, that there would be no more "support under palm trees." Ever since, Rolf Johne has been living a reclusive life in a small Berlin apartment. He decided to stop giving interviews. And he generally stays away from the media. Recently he bought an old tube radio at the flea market and repaired it. "It feels good to hear voices again now and then."

“There is no big difference between those who have already killed themselves and those who are still alive.”

RAMESH RATHOD, *Lehegaon, Amravati district (India), cotton farmer.* It appeared to be a dinner like any other: some rice, a bowl of dal, water. Ramesh Rathod devoured everything quickly, for once again he had not eaten all day. Then he vomited, collapsed, and then died. Ramesh had mixed pesticides into his meal. About one-and-a-half years earlier, the United States had passed a subsidy program worth billions in order to bolster American cotton. This caused the price of cotton to plummet on the global market. Ramesh Rathod felt the effects of this every day; there was simply less money available. On the day before the suicide, a bank clerk from the provincial capital visited Rathod's hut in order to demand the immediate and full payment of his loans. Ramesh Rathod left behind a wife and two children.

“Revolutionaries should support those measures that aim to unify the global economy. Free trade agreements like NAFTA and GATT are likely detrimental to the environment in the short term, but they offer advantages in the long run since they promote mutual economic dependence among the countries involved. It would be easier to destroy an industrial system which is based on a global economy with a unified base. A collapse within a large country will inevitably lead to the collapse of all industrial nations.”

THEODORE JOHN KACZYNSKI, *Florence, Colorado (USA), assassin.* The mathematics professor Theodore John Kaczynski retreated into the mountains of Montana in 1970 and, from that point on, lived as a hermit in a self-built cabin. It was from there that he sent a total of sixteen mail bombs to airlines, universities, and lobbyists during the period between 1978 and 1995. In American society he became known as the "Unabomber." Three people died in total. In 1995, he insisted that his anarchistic and technophobic manifesto be published in *The New York Times* and the *Los Angeles Times*. Shortly thereafter, he was arrested and sentenced to life imprisonment in a high-security penitentiary.

“It is 5 p.m. At 4 p.m. I should have been dead.”

ANIESHA FEY, *Auenthal (Mythodea), Empress of Emptiness.* She sat on a tree trunk and awaited her death scene. She endured the role-playing game for almost two days before becoming agitated. Over 3,000 players from all over Europe gathered at the Rittergut Brokeloh near Hanover to fight the last battle between good and evil in the Conquest of Mythodea. But the battle has become drawn out, and Aniesha Fey, the powerful Empress of Emptiness, is impatiently awaiting her demise. She'll have to be sitting in her car in two hours' time. Tomorrow she'll be teaching her students again. In her earthly life, Aniesha is named Chris and teaches at a German gymnasium in Tübingen.

“Protest is when I say what I disagree with. Resistance is when I make sure that whatever I disagree with no longer happens. Protest is when I say that I will no longer be a part of something. Resistance is when I make sure that no one else is a part of it either.”

ROSA WOLF, *Berlin (Germany), pensioner and activist.* Seventy-one-year-old Rosa Wolf from the Kreuzberg district of Berlin decided to stop paying rent until the most recent rent increase was fully reversed. Wolf once studied sociology and education, and she later worked as a bookseller. She wrote a rather bold letter to her landlord: "You prig! Why do you always want more? My pension, at any rate, has remained nearly the same." She even spurned official housing allowance payments because "the paperwork, and the welfare office in general" is degrading. In the fall of 2013, Wolf was evicted from her apartment as part of a large police operation. Several activists blocked the path of the officers. Wolf herself had screwed the door shut from the inside. To no avail. First, she lived in a homeless shelter, later in a shared leftist apartment. Rosa Wolf died unexpectedly of heart failure in the spring of 2014.

“I don’t want any money. I don’t want a car. All I want is a functional bus route, dammit!”

KELLY WILTON, *Detroit, Michigan (USA), factory worker.* After it was posted in various social media that Kelly Wilton had been walking approximately sixteen kilometers—each and every workday—for over two years in order to arrive at her workplace, the international Facebook community raised almost 120,000 euros to buy Wilton, who is fifty-two, a new car. After the owner of the factory informed the public that Wilton had never missed a day of work, not even during a blizzard, three American automobile companies offered to provide her with an all-wheel-drive SUV, free of charge of course. When it then became known that Kelly Wilton doesn't even have a driver's license, a local taxi company offered their help: a lifelong "taxi flat rate." Kelly Wilton resolutely declined it all.

“No, no, no.”

SEMANUR S., *Berlin (Germany), homemaker.* Eighteen-year-old Semanur, from a mountain village in Anatolia, was sent to Berlin to be married. She had never met her husband before. Orhan S. proved to be unfaithful and violent. According to the neighbors, there was much fighting. When Semanur was thirty years old, in June 2012, she finally filed for divorce. Orhan S. beat her to the ground. In front of their six children, he decapitated his wife. The neighbors said that Orhan S. stood on the balcony of the rental apartment for quite some time, holding the head in his hand and shouting “Allahu Akbar” (God is great). Then he threw her head down onto the sidewalk. He went on to cut the body into pieces and threw them down as well. Orhan S. was ultimately subdued by the police and admitted to a psychiatric clinic. He was suffering from schizophrenia.

“Our relatives come from the forest.”

NILO VARGAS, *Monte Salvado (Peru), fourteen-year-old boy from the Yine tribe.* Nilo just could not understand why he was never allowed to leave the village. His parents and grandparents had lived in the jungle, and now he was supposed to stay in the hut and watch satellite television? When he disobeyed their orders and snuck into the forest anyway, he was promptly hit by a two-meter-long arrow, probably shot by a member of the isolated Mashco-Piro tribe. The youth was taken to a hospital in Puerto Maldonado, a town more than two days away by boat. Jaime Corisepa, chairman of the indigenous organization FENAMAD, assumes that uncontacted brothers from the Territorial Reserve were looking to acquire more living space. Monte Salvado is situated at the foot of the Piedras River in the middle of the Madre de Dios Territorial Reserve for isolated indigenous peoples. Illegial deforestation is widespread in the region, just as drug smugglers try to hide away there. This might explain why yet uncontacted tribes are leaving their living environment. The residents of Monte Salvado now stay behind closed doors in order to protect themselves from new attacks, but also to avoid endangering the aggressors themselves. For tribes living in isolation are strongly susceptible to illnesses like the measles and influenza. "We cannot risk having any contact with them," as the leader of the Yine tells a FENAMAD representative. "Even our clothing or tools could be contagious for them."

“I find security and stability in the Koran.”

MANUELA JÄSCHKE, *Al-Raqqah (Syria), wife of a jihadist.* Manuela was born in 1985 in Halle/Saale (East Germany). Her father, a rail-car builder, died unexpectedly from heart failure in 1990; her mother, a meat salesperson, lost her job in 1991 and therefore decided in 1992 to move with Manuela to the town of Memmingen in the Allgäu region. It was there, in 2003, that Manuela met the man who was to become her husband: Emad, born 1982 in Iraq, a security guard at Memmingen Airport, active in a soccer club, played midfield. Religion had no importance in his life. They were married in 2005 and had two children, Angelina and Jaxson. In 2008, Emad lost his job at the airport and had problems retraining as a computer scientist. Encouraged by Emad's friends, the couple became increasingly interested in Isalm starting in 2010. They studied the Koran, and as of 2011 Manuela was wearing a headscarf and Emad was learning Arabic. Her mother notes that she completely lost contact with Manuela and the kids in spring 2013. In early summer 2014, she received a letter from Syria stating that Emad was in training again and everyone was fine, though the children were sometimes frightened by the rumbling thunder at night.

“Breathless through the night, until a new day dawns. Breathless, out and about, your eyes draw me out! Breathless through the night, feel what love makes of us. Breathless, level-headed, fantasy gone real for the two of us. Today we are forever, a thousand feelings of happiness. All that I am, I share with you. We are inseparable, somehow immortal. Come take my hand and walk with me.”

HELENE FISCHER, *Mallorca (Spain), singer.* Helene Fischer, perhaps the most successful German-language singer of all time, jetted to Hamburg in June 2014 to inaugurate the cruise ship “Mein Schiff 3” (My Ship 3). It goes without saying–according to a spokesperson from the ocean-liner company–that the “pop princess,” as godmother, will enjoy lifelong access to a suite. As Helene Fischer herself notes: “I’ve been given the opportunity to design my own cabin. Now I’ll always have a home at sea. Nothing can go wrong now. It’s a wonderful feeling.”

“Cut my head off.”

HAKIM MELEK, *Tromsö (Norway), barber.* Again and again this sentence recurred in his dreams–so often that Hakim almost believed he had uttered the sentence himself. But it was a customer who had sat down on the chair to be shaved and then yelled at Hakim just as he was readying his knife. That was back when he still lived in Germany, in Gelsenkirchen. The first Islamic State decapitation videos from Syria were circulating on the Internet. The people were upset, and practicing Muslims were faced with a new wave of distrust, similar to the situation following the terror attacks on September 11, 2001. Hakim, who was the third generation of his family to live in Germany and work in his father's barbershop, had finally had enough. He moved to northern Norway where his cousin was earning good money doing housekeeping. Hair grows everywhere, so Hakim found a new position in no time at all. In the year that he moved to Tromsö, Ramadan took place during the summer months. Hakim and his cousin knew no other Muslims. They didn't know when to break fast with the sun shining twenty-four hours a day. They emailed an imam in Saudi Arabia to ask for help. He pragmatically replied: "Take your cue from the times in Mecca." That winter, they had to turn to the imam for advice a second time. Hakim had built a snowman for neighborhood children and wasn't sure whether this was halal, or permissible. It was not, as the imam confirmed. Anything that throws a shadow can only be created by Allah. Humans are not allowed to engage in acts of creation. But the imam had some advice: "Simply cut off its head."

“Uyakko! What is this? Nuts in a bag? Bloody hell, do you want to die? Kneel down, you pockface, and beg for forgiveness! Our airline dictates that nuts must be served in a small bowl! Contact the tower immediately! Stop everything at once!”

CHO HYUN-AH, *Seoul (South Korea), manager.* Forty-year-old Cho, daughter of the Korean airline executive Cho Yang-ho, forced the supervisor of the first-class cabin to kneel down because of a banal faux pas in order to castigate him with a file folder. Cho directed the ready-to-depart airliner back to the gate in order to kick the humiliated steward off the plane. All 250 passengers were forced to wait. In February 2015, she was sentenced to one year in prison for her behavior. Prior to the sentence, her father had already distanced himself from her and publicly apologized for her "poor upbringing."

“Roter Stern—the death of a sinking sun.”

FAISAL ZAHOOR AHMAD, *location unknown, tax fugitive.* His eyes are weary. He is comfortably reclined in a white armchair. We are not allowed to describe the view from his hotel room since Faisal Ahmad's current whereabouts are unknown. Since 2014 there has been an arrest warrant out, by the public prosecutor's office in Frankfurt, for this British citizen who originates from a Pakistani family. Faisal Ahmed is said to have cheated the German state out of 58 million euros of tax revenue for the years 2009 and 2010 with his company Roter Stern GmbH. He is accused of having purposefully bought emission rights for greenhouse gases from other European countries where they are not subject to sales tax, to then sell these rights at a higher price through a network of dummy companies. The sales tax accrued with each purchase was claimed each time but not passed along to the German tax office at the end of the year, since by then the companies had been dissolved and Faisal had disappeared abroad along with the related capital. Faisal Ahmad orders another drink. From the smile on his face, it seems as if he has long since been planning a new venture. In 2010, German investigators almost caught him. When they broke into his apartment, his dishwasher was still running. He still travels to Germany sometimes, despite the arrest warrant. Ahmad keeps silent on how he manages to accomplish this. He only reveals the reason for his trips: "the good beer." Faisal Ahmad winks briefly with one of his weary eyes.

“This policy bows to the market, becoming its lackey. These radical free-market EU bigwigs, these troika asses who prescribe emetics: privatization. Yes, I feel like vomiting! Why should everything submit to this? Our country, our people, our feelings? Kiss my ass, you bums! And by the way, this TTIP is being secretly integrated into this deceitful EU. You American sycophants! Such a capitalist EU is betraying Europe. You’re thereby supporting Le Pen and fellow consortium members! So piss off you money-hungry wimps! You anti-democratic and unimaginative pseudo-Europeans.”

GIANNIS KOTZIAS, *Athens (Greece), diplomat.* Kotzias had actually sworn off political radicalism after finishing his degree in economics at the University of Gießen (Germany). He left the Communist Party of Germany and moved back to Athens, even settling into middle-class life. As a lecturer at the University of Athens, he was considered a pro-European, left-wing liberal, yet without having established roots in the political landscape of Greece. He lost his job in 2012 due to budget cuts. Kotzias landed on the street, became a taxi driver, and headed the "Marxist gathering" of the Athens taxi drivers' association. After Alexis Tsipras was elected, Kotzias served as an advisor in the Ministry of Finance for a short period, and later even as a staff member at the Embassy of Greece in Vienna, however he is now facing dismissal–for understandable reasons.

“I finally managed to open the door.”

VANESSA GOOLAGONG, *Kaltukatjara, Northern Territory (Australia), homemaker.* For months a brutal drought prevailed in the Northern Territory of Australia. At one point the British had introduced dromedaries in an attempt to colonize the arid land. Once the railroad was established, the animals became obsolete and were set adrift. They have been wandering about in large herds as "wild camels," always searching for water, ever since. And so it was that in 2009 they meandered from water hole to water hole in giant herds, united in thirst, but to no avail: everything had gone dry. The creatures then caught scent of the water tanks and pipes in the homes of the desert's only settlement: the village of Kaltukatjara, with a population of 300, situated 670 kilometers southwest of Alice Springs. Around 6,000 camels ultimately overwhelmed the village, voraciously trying to push in windows and doors in order to reach the water. The residents, most of whom are aboriginal Australians, barricaded themselves and waited for the army helicopters to arrive. The door to only one house was opened from within: seventeen-year-old Vanessa Goolagong simply walked out into the street and was thus immediately trampled. The camels stormed the house. Vanessa Goolagong survived with major injuries, but her sixty-three-year-old husband was killed beneath a hundred hoofs. At the very same time, the military drove part of the herd away from town with their helicopters. Precisely 3,604 camels were shot from the air. In the hospital, Goolagong was asked why she had acted in such a suicidal way, for it ultimately cost her husband his life. She kept her peace for months, for years. Finally, the police dropped their investigation. But recently Vanessa Goolagong confided in a social worker. She said only three sentences: "I didn't want to be hit anymore. I wanted to be able to take a shower without being raped. I couldn't stand the old drunkard anymore."

“I want my mommy!”

ELISA, *Hamburg (Germany), five-year-old child.* “Elisa wants to be picked up from Småland, calling the parents of Elisa!” This announcement could be heard dozens of times on a Wednesday morning in December 2014. The parents of the little girl did not return to the child-care area of the IKEA store in Hamburg-Altona until six hours later. The Swedish home furnishings company opened its first store in a pedestrian zone there in mid-2014. Revenue from furniture sales were remarkably low, as the head of the new branch remarked, while the restaurant and the child-care area soon had to be expanded. Whole school classes would come to eat lunch there, and the Småland area started to resemble daycare. The parents simply went off to work or to the gym or even shopping elsewhere. “But for the children, it’s always just terrible when no one comes to get them,” says the store manager.

“Whoever fails to derealize reality becomes neurotic; whoever unrealizes reality goes crazy. Lovers transgress the boundaries in both directions.”

SANDRA REICHHARDT, *Tarifa (Spain), owner of a surfing school.* Roland Barthes introduced her to sinology, and Wolfgang taught her to surf. Over twenty years ago, she dropped out of college and embarked on an alternative life with him. Standing next to her finca is her old VW bus, which she lived in for over ten years. Her place faces Africa, the coast of Morocco. At night the pale yellow lights are visible. Although the ferry only takes thirty minutes, she has never been over there. Wolfgang claims to have made it over once on a surfboard. Ever since Frontex closed the borders, no refugees have arrived from the other side. As Wolfgang has always said: "If anything happens to me, I'll just lie down on the board and allow myself to drift." Now he's wheelchair-bound after having a stroke. She will move him into a nursing home and move on. Maybe even to Africa.

“They cannot cook, do laundry, or even mend their things. But it’s okay since they have us.”

GERNOT HEMPEL, *Vienna (Austria), cook.* He encountered the students for the first time at their protest. They had occupied the university's main auditorium. It was easy to find a place to sleep there at night. There was even a "Volxküche" (communal kitchen). The food was so bad that he took over the cooking himself. The students were fighting for the abolishment of tuition. "Rich parents for all," read one of the posters. Gernot had never even met his own parents. Soon after his birth, they were deported from East Berlin to the West. Gernot himself was taken in by a long-term orphanage for babies and toddlers, and from that point on he remained in state-run facilities: a children's home, a special-education home, a reformatory, a prison. Even when the East German state perished in 1989 or assumed a different name, Gernot wanted nothing to do with it: no unemployment benefits, no retraining program, no provisional accommodations. He could care less about his biological parents. From that point on, Gernot lived on the streets and took advantage of the new freedom to travel: Rome, Lisbon, Paris. It was always possible to find a bridge. If he couldn't make it south in the winter, he slept in public containers for recycled paper. They were well isolated and dark. Until some teenagers set the one he was sleeping in on fire. Gernot was able to escape but suffered severe burns and had to be treated at a medical emergency unit for the homeless. Life on the street became more and more difficult due to his sensitive, burned skin. The student protests were largely unsuccessful. But something else evolved: "maßfürmaß" ("measure for measure," with the name adopted from Shakespeare's play set in a fictitious Vienna) is a housing project for students and homeless persons. During the protests, they had all grown close and noticed that everyone was lacking the same thing: affordable housing. Thanks to church support and the help of a building contractor, a brand-new residential facility was erected, featuring a communal kitchen and a public restaurant in which Gernot now works. He shares an apartment with a philosophy student and an economist. "Utterly out of touch with life, these young things," states Gernot, "but they explain the world to me."

“Who here has an iPhone, who has a BlackBerry, who uses Gmail? Well, you’re all screwed.”

JULIAN ASSANGE, *London (Great Britain), spokesman for the disclosure platform WikiLeaks.* It is said that the forty-three-year-old Australian suffered from his family's nomadic life as part of a traveling circus. And he never did become accustomed to continual change of location as an adult: Australia, India, Sweden, Russia, Great Britain. Assange harbored a secret dream: to finally arrive somewhere, to finally put down roots. Since August 2012 the political activist has been stuck within the confines of Ecuador's embassy in London.

“We are at war with nature. We are at war with ourselves.”

DAVID MAYER DE ROTHSCHILD, *London (Great Britain), adventurer and ecologist.* He crossed the Pacific Ocean in 2010 on a catamaran made of 12,500 plastic bottles in order to protest the pollution of the world's oceans with plastic waste. In 2011, he traveled through Brazil's Amazon region to evaluate the effects of the controversial hydroelectric Belo Monte Dam. David Mayer de Rothschild criticizes the increasing trend of sustainability, to the extent that it merely serves as a fig leaf. He emphasizes that sustainability is not achieved by simply publishing a sustainability report–it is only with purposeful action that we can facilitate change. Critics decried Rothschild's ecological crusade as being unable to offer any new insight into the state of the seas. They labeled the expedition as costly sensationalism by an eccentric banking heir who *Us Weekly* ranked as the most desirable bachelor in the world in 2012.

“What do you need in order to live in dignity?”

MADLEEN SCHLEI, *Wittenberge, Brandenburg (Germany), caseworker.* Once a year, the Jobcenter Prignitz carries out a so-called employee training session. The head of the agency likes to start off with a few words, such as: "Thanks to the Hartz laws, Germany has been catapulted back into the premier league of industrial nations. For this, dear colleagues, you have my gratitude." Then a department head explains, once again, the principle of "Fördern und Fordern" (support and demand): unemployed individuals need to find work as soon as possible, but it is crucial that the self-initiative of the "client" be tapped at the same time. "Of course stringent checks and balances must be in place," for "fraudulent use of services" is anti-social behavior. In the eyes of the caseworker Madleen Schlei, this viewpoint ignores reality. In Wittenberge, there are not enough jobs: she assisted a sixty-two-year-old university-trained interpreter in writing eighteen job applications. All for nothing. She helped a fifty-five-year-old machining specialist start his own company: three web design classes and no jobs. She even tried to convince a fifty-two-year-old librarian to move to Norway. To no avail. In this economically underdeveloped region, there is simply nothing more to be done for a certain generation. "I can't send all my people to one class or another in order to remove them from the statistics," says thirty-four-year-old Madleen Schlei. At some point she just gave up: no more fault-finding, no pointless job applications, no insinuations. She lamented that "self-indictment protects tax evaders from punishment, but recipients of Hartz IV benefits are already considered to be attempting fraud if they keep more than 300 euros of overpaid funds." She allowed benefits to be paid regardless, as a kind of unconditional basic income. Her actions were detected four months later. Madleen Schlei was transferred to the archive of the land registry office.

“There is no way out.”

JASON PHILIPS, *Marseille (France), foreign legionnaire.* He has a buff appearance but also something gentle about him–amid all the bulky, tattooed bodies sunning themselves along the cliffs of Camp de Carpiagne in their free time or jumping twenty meters into the azure-blue Mediterranean. Jason Philips is, at the present time, the only American in the "1er régiment étranger de cavalerie" of the Light Armored 1st Brigade of the French Foreign Legion. Most of them are Serbs, Russians, Algerians, or of unknown origin. Jason is only a US citizen on paper. He grew up in the Taunus region of Germany. His parents, who are Jehovah's Witnesses, work for the religious community's main office in Germany. The patriarchal upbringing and his homosexual inclinations caused Jason to run away from home at the age of sixteen. Ever since, the only constant in his life has been inconstancy. First he took jobs on oil tankers; then he entered an ashram in India and a kibbutz in Israel. On Zanzibar Island he opened a lodge, and while in Kenya he was deported to the US on drug charges. In 2013, he participated with the French Foreign Legion in "Opération Serval" in Mali. He was badly hurt and, according to French law, could have become a French citizen. Yet Jason felt called to new shores. He gazed down from the cliffs to the water below and briefly shook his head. If there was anything he had learned, it was: every exit is an open door, and vice versa. Ever since reading the works of Thomas Aquinas helped Jason to find his faith again, he has been convinced that not even death signifies an ending. Perhaps he will enter a monastery next. But for now he silently leaps into the waves and disappears as a small whitecap in the sea.

“Money is a matter of faith. The most prevalent religion in the world. And what fundamentalist would not get angry if his faith were questioned?”

DANIEL SUELO, *Moab, Utah (USA), ethnologist.* The reactions to Daniel Suelo's departure from the world of money were strong at first: his lifestyle was said to be too "un-American" because he "didn't have any goals or produce anything." They called him "crazy." But all Suelo had done was to decide to lead a self-determined life in the "here and now," as he calls it. Without money. Without consumption. Without fear. Today Suelo is fifty-four, but back in the year 2000 he placed his entire savings in a telephone booth and went out into the wilderness. Ever since, he has been living in a rock crevice, 4.5 meters long, 1.5 meters high. He lives on berries, mushrooms, and watercress. Sometimes he rummages for food in the garbage cans of a nearby town. And sometimes he eats roadkill. A freshly killed deer, he says, was the best food of his life. He writes about all of this in his blog. About money, too: "How can it be that a house is worth 500,000 dollars and then, just a short time later, only 300,000? Where did the money go?" Suelo started receiving his first invitations to give lectures. He was stared at in astonishment when he said: "Money is only an illusion. It was invented by people." Then, on September 15, 2008, Lehman Brothers collapsed–and Suelo became the most famous "homeless" person in the United States, a superstar. Two documentary films about Suelo were made. His rock crevice became a pilgrimage site. Penguin Books, the world's largest publisher of literature and nonfiction books, asked if he would write his autobiography so that they could publish it. An agent from the publishing company said that there is a growing market for escapist literature. Suelo replied: "I don't want any royalties. And I want the book to be given away for free." The publisher refused, and Suelo retreated back into his crevice. A frequent cave guest of late, as recently reported in his blog, is a charming lady called "Rat Girl," who knows all about edible wild plants, natural medicine, and hunting small rodents. "Since she's been around, I've eaten so many more fried rats," says Suelo, chuckling. But this is just a funny anecdote. What's important, according to Suelo, is that "it is indeed possible to have a life beyond the rat race. We definitely have fun here."

“Hazelnut-butterscotch, latte with caramelized cookies, cheesecake-fig-chocolate, and rice-pudding-cinnamon.”

MARKUS DEIBLER, *Hamburg (Germany), world record holder in swimming.* In December 2014, the twenty-four-year-old athlete swam the 100-meter medley in record time in Doha, Qatar. The repeat national and European champion was considered to be the German Swimming Federation's great hope for winning a medal at the 2016 Summer Olympics in Rio de Janeiro. But instead, Deibler simply stopped training "after careful deliberation," as he announced on Facebook. It had all become too much for him: getting up early, counting tiles all day long, so many swim meets, the pressure placed on him by the German Swimming Federation, which was in dire need of success. And then there was always the anxiety: doing everything to stay healthy so that the four years of training were not in vain. Deibler left the pool to open a small ice-cream parlor in the St. Pauli district of Hamburg. It's called "Luicella's – A Scoop of Zest for Life."

“Hello. My name is Hauke Wutt. I live in the forest. I am learning Polish. I am cold. Thank you and good-bye.”

HAUKE WUTT, *Żytkiejmy (Poland), TV editor.* Hauke Wutt, thirty-eight, walked out of his job at Northern German Public Radio (NDR) in Hamburg without a word on July 13, 2014, and drove to an extensive forest and moor area in the Romincka Forest along the Polish–Russian border. Wutt put up his tent near the town of Żytkiejmy and, from then on, lived off his savings, wild berries, and fresh animal kill. In Hamburg, according to the police, he was not reported missing. On the evening of October 14, 2014, Wutt–tall, blond, and clad in functional wear–entered the pub called "Budka" in Żytkiejmy. The few patrons present were staring spellbound at the giant flat-screen TV: soccer, Poland versus Germany. At first no one noticed Wutt, who ordered tea and four successive slices of butter-cream cake but otherwise remained silent the whole evening. Poland won the game two to zero. Full of high-spirited merriment, the patrons finally noticed the stranger. But he still remained silent. "Who are you and where are you from?" Wutt kept silent. The forest workers present started to suspect that "something is wrong with him," and besides, "he smells like venison." "And like butter-cream cake," interjected the pub owner in an attempt to lighten up the uncanny situation. But Wutt still held his peace. When one of the guests suggested that it might "be best to call the police," Wutt finally answered the question, in a very quiet voice and speaking child-level Polish. Then he disappeared out into the night.

“Robinson, a rational example of industriousness, who methodically creates a comfortable world from absolutely nothing and, on the side, civilizes the native Friday to the practices of middle-class life through trade and work. Impressive.”

MARCELLO ORTEGA, *Moscow (Russia), student.* On the application form for the Moscow International Higher Business School, eighteen-year-old Marcello Ortega was asked about his very personal motivation for pursuing studies in business administration. And he mastered this with flying colors as well. Everything was perfect: grades, credentials, and even his highly original motivation. From 1,289 applicants from around the globe, only 60 were selected. Marcello Ortega was now one of these few. But–as he had to admit to himself–he had cheated a bit, for his true motivation lay elsewhere and was quite idiotic. It had to do with the joke that his friends and family had always made: Are you a descendant of "Friday" or rather a "genetic Robinson"? This nonsense needed to be put to rest once and for all. His grandfather was always more relaxed in such things–he had always liked being a "Friday." But his grandfather was also a Marxist. For many generations, Ortega's family has been living on the Chilean Isla Más a Tierra, deep in the South Pacific. In the eighteenth century, the Scottish mariner Alexander Selkirk lived on this island for years in utter seclusion. Selkirk is considered to be the "historical Robinson," having served as the template for Daniel Defoe's epochal novel *Robinson Crusoe.*

“A higher level.”

UNIDENTIFIED MAN, *Kaohsiung (Taiwan), gamer.* A thirty-two-year-old man collapsed after sitting at a computer in an Internet café for five days straight. According to doctors, he died of "excessive computer gaming"–succumbed to hunger and thirst, which ultimately caused his heart to fail. The dead man sat for a full day in front of the flickering screen before anyone noticed. "He was known to fall asleep in front of the computer," said a café employee nonchalantly. His avatar is still alive. "Still way up at the top," said the café worker.

“They are afraid of the light.”

GREG SMITH, *New York City (USA), investment banker.* Greg Smith, graduate of Stanford University, was one of seventy-five selected in the year 2000 to participate in the notorious "Open Meeting," a training camp for new blood at Goldman Sachs: a conference room on the 29th floor of the bank located at 125 Broad Street, Lower Manhattan, New York City. Sitting at the front of the room was a Goldman Sachs manager with a list of participants, randomly calling out names and asking questions. The candidates had to be on their toes and wide-awake. The training program started at 6 p.m. sharp, and anyone who arrived even just three minutes too late had to wait outside for the duration of the meeting. If too many arrived late, then the meeting was postponed until 5 a.m. the next day. "Goldman Sachs took its corporate culture very seriously. It was impressed upon us that customers should only be told the truth. It was drilled into us that fair advising and absolute competence were vital." Goldman Sachs is a legend. A bank that only takes the best and promises boundless wealth. Greg Smith made it through the trainee program to become a Goldman Sachs banker, and he worked his way almost to the top. After twelve years he was the head of the department for US equity derivatives in Europe, the Middle East, and Africa. He had arrived. Annual income: one million US dollars. On March 14, 2012, *The New York Times* published an open letter from Greg Smith: "Today is my last day at Goldman Sachs. After almost 12 years at the firm ... I have worked here long enough to understand the trajectory of its culture, its people and its identity. And I can honestly say that the environment now is as toxic and destructive as I have ever seen it. ... Make the client the focal point of your business again. ... People who care only about making money will not sustain this firm—or the trust of its clients—for very much longer." He gave another interview, saying that cynics had taken over Goldman Sachs. "I think that it's pretty scandalous when systematically overpriced products are constantly palmed off on clients." Then he cleaned out his desk and left. Goldman Sachs took a rather relaxed stance, stating that Smith was an overly ambitious yet only mildly talented employee undergoing a midlife crisis.

“What helps people who are just like me deal with headaches?”

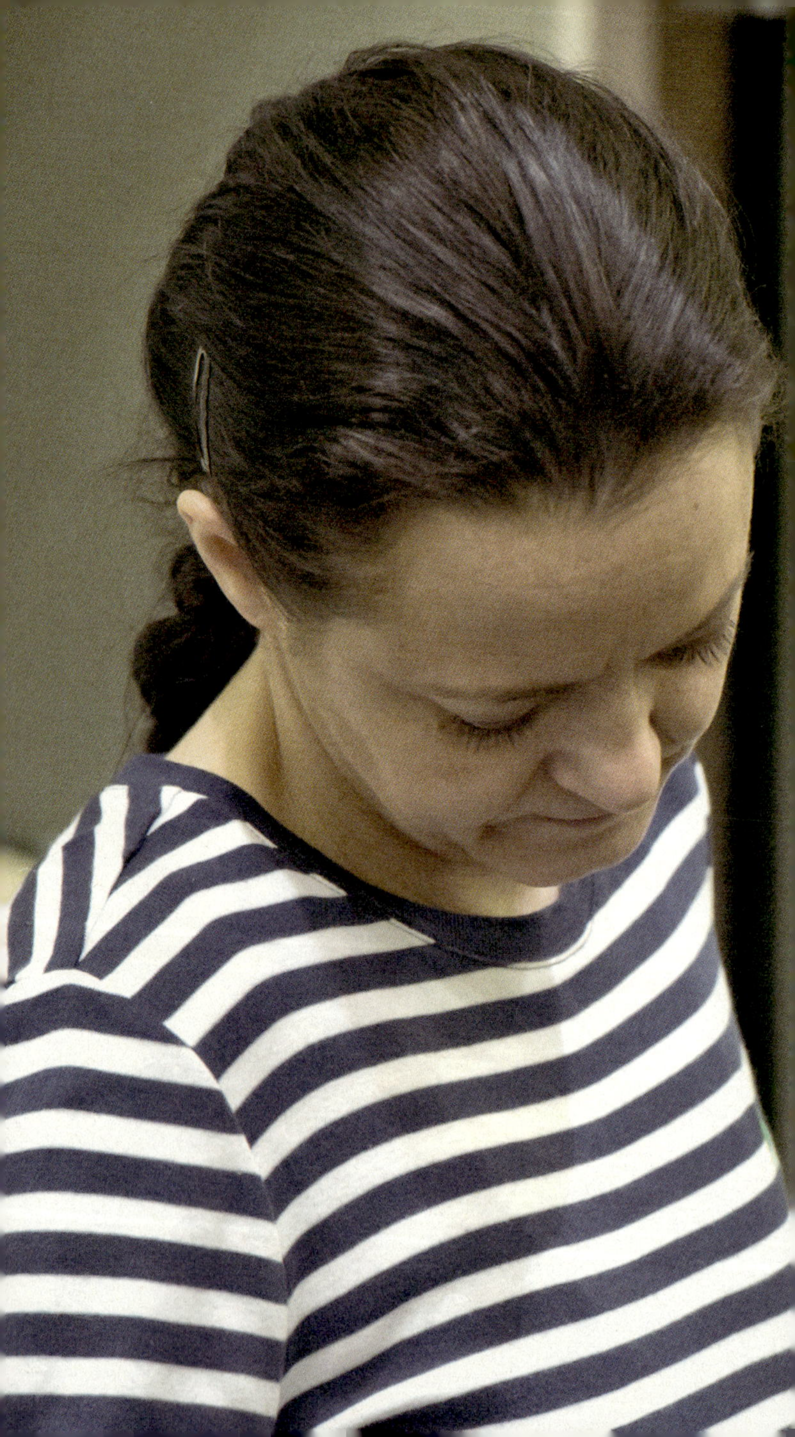

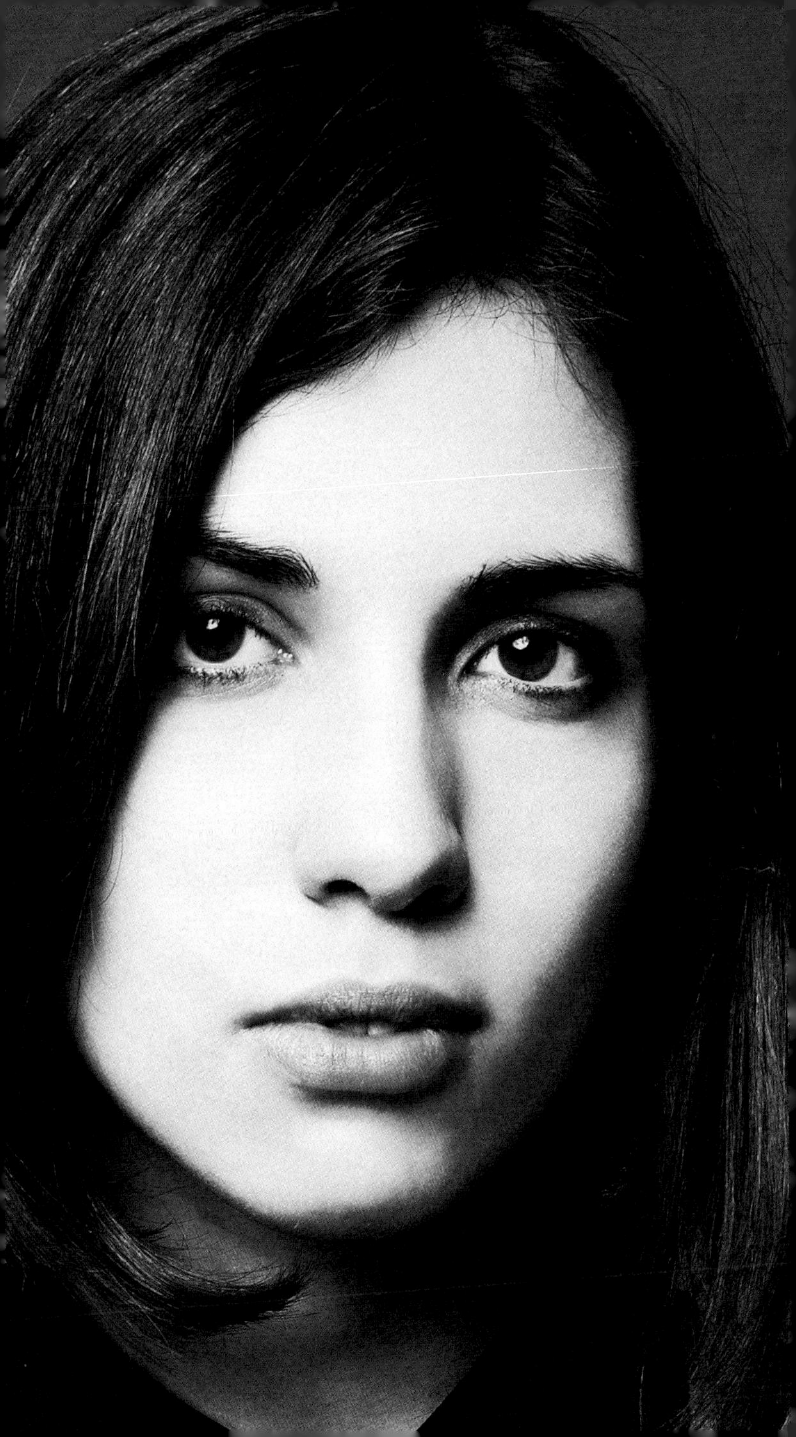

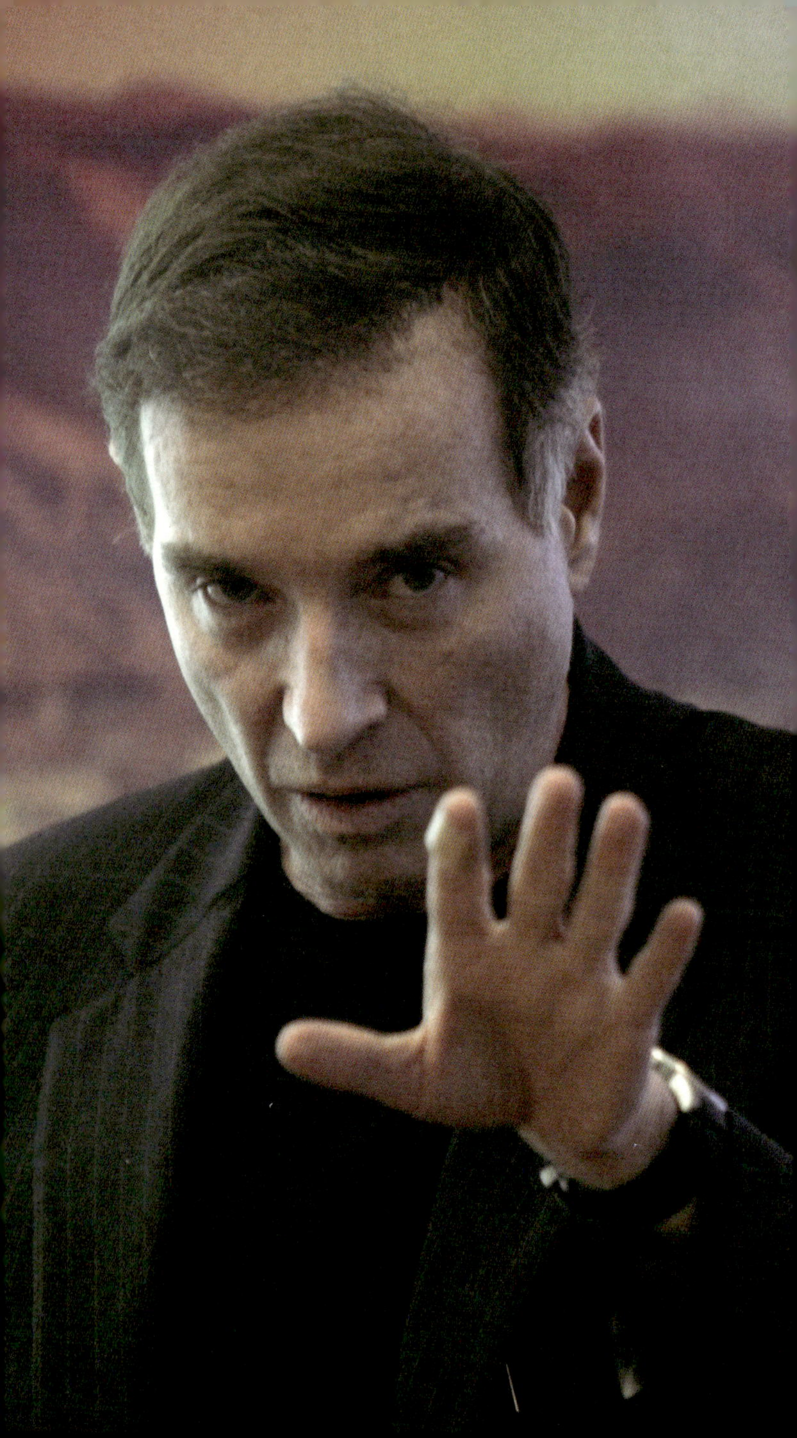

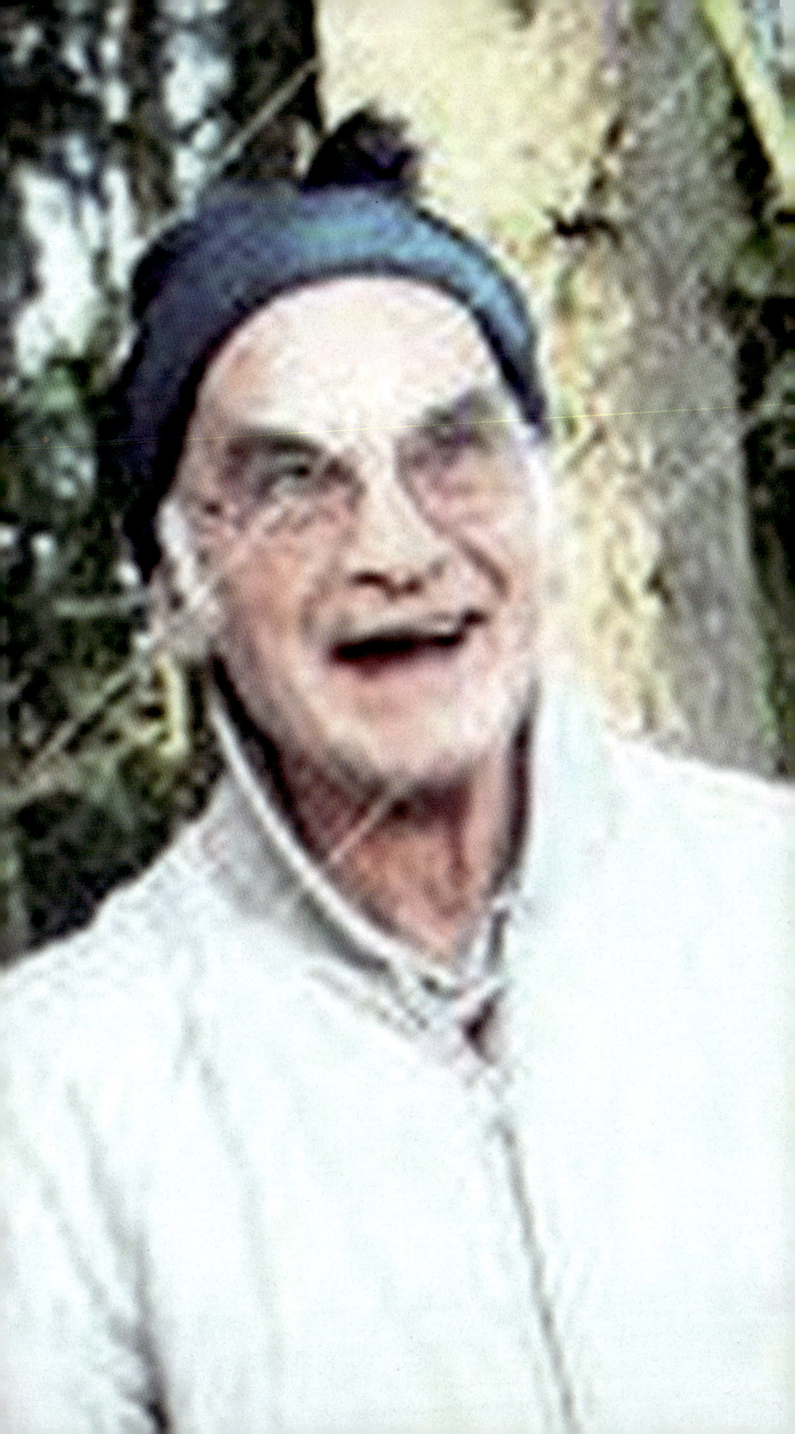

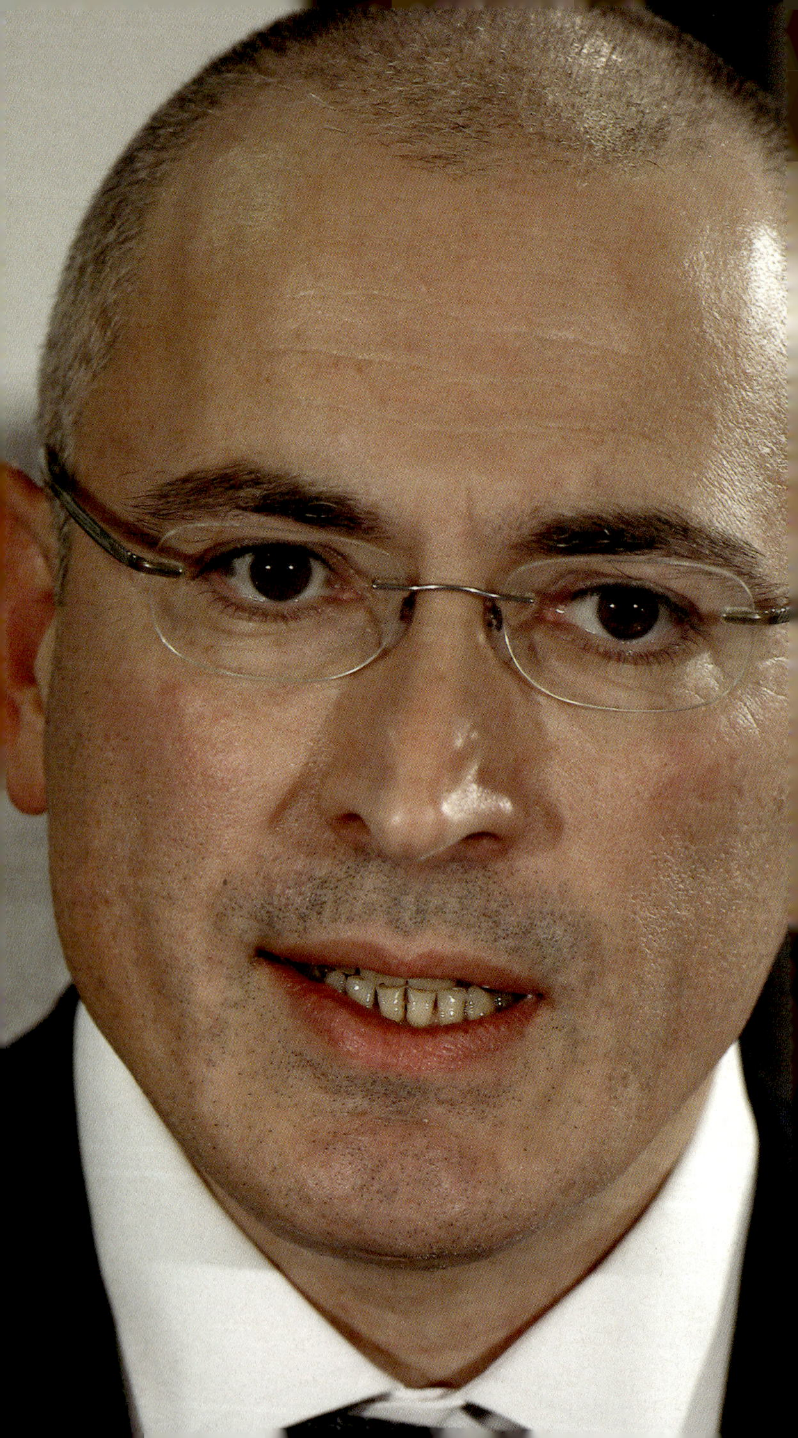

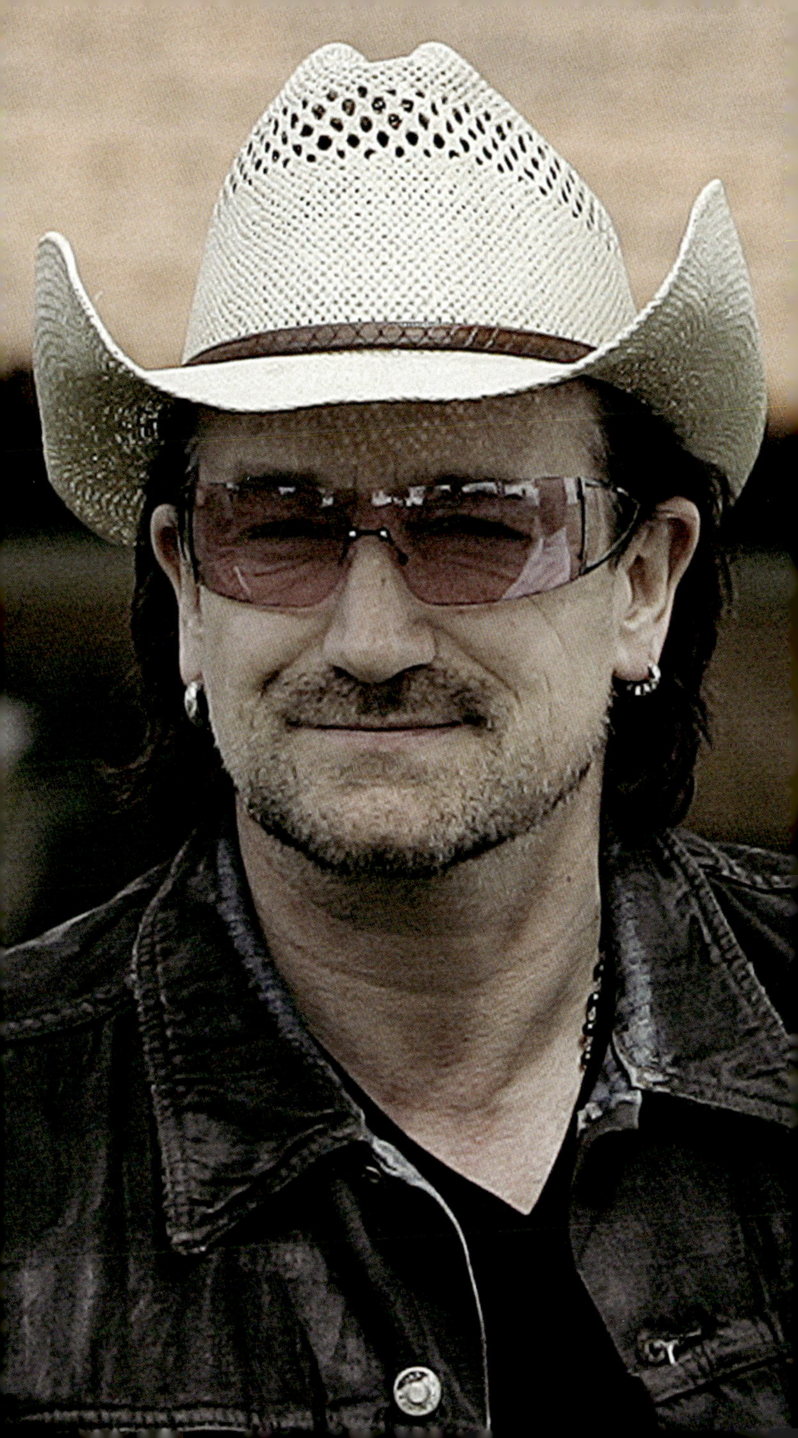

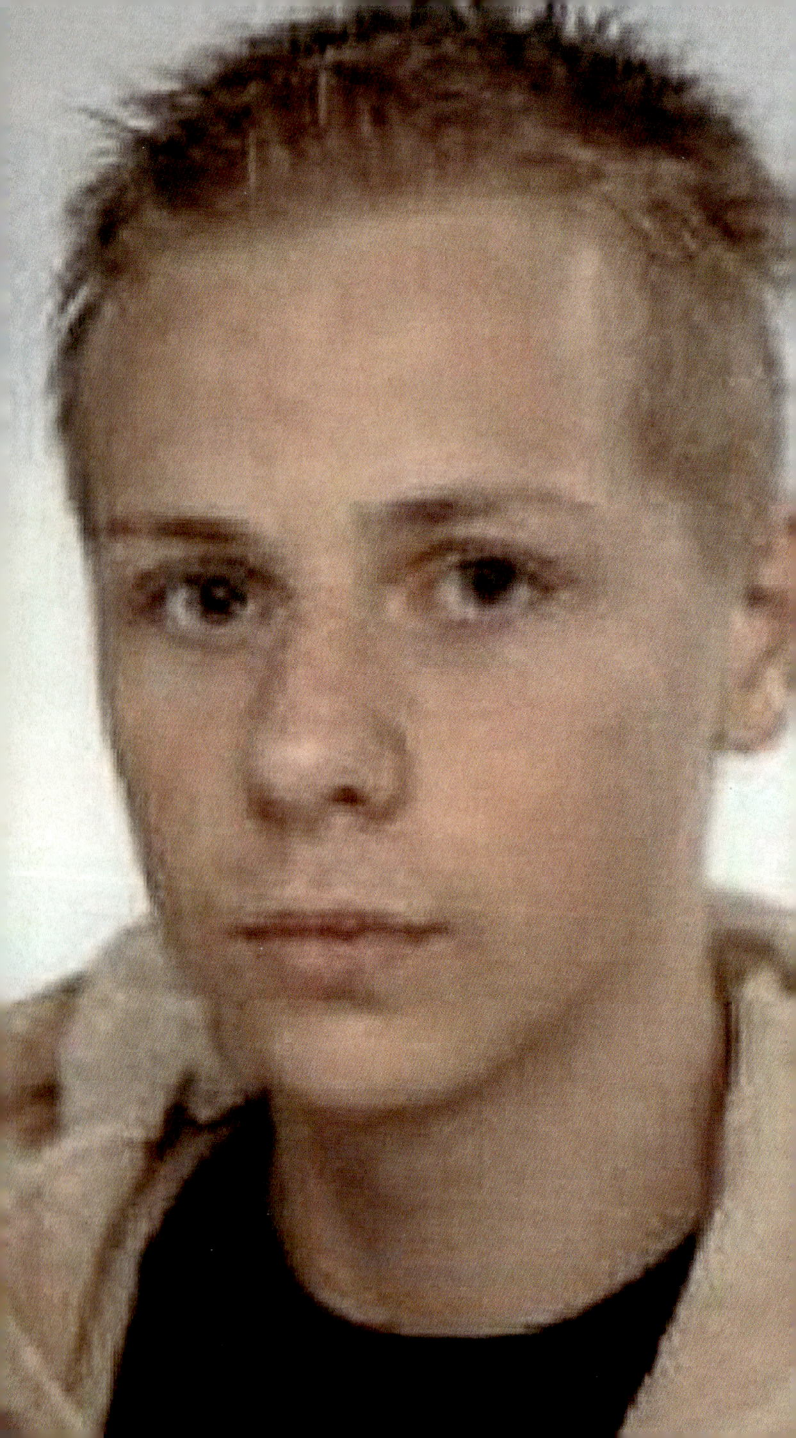

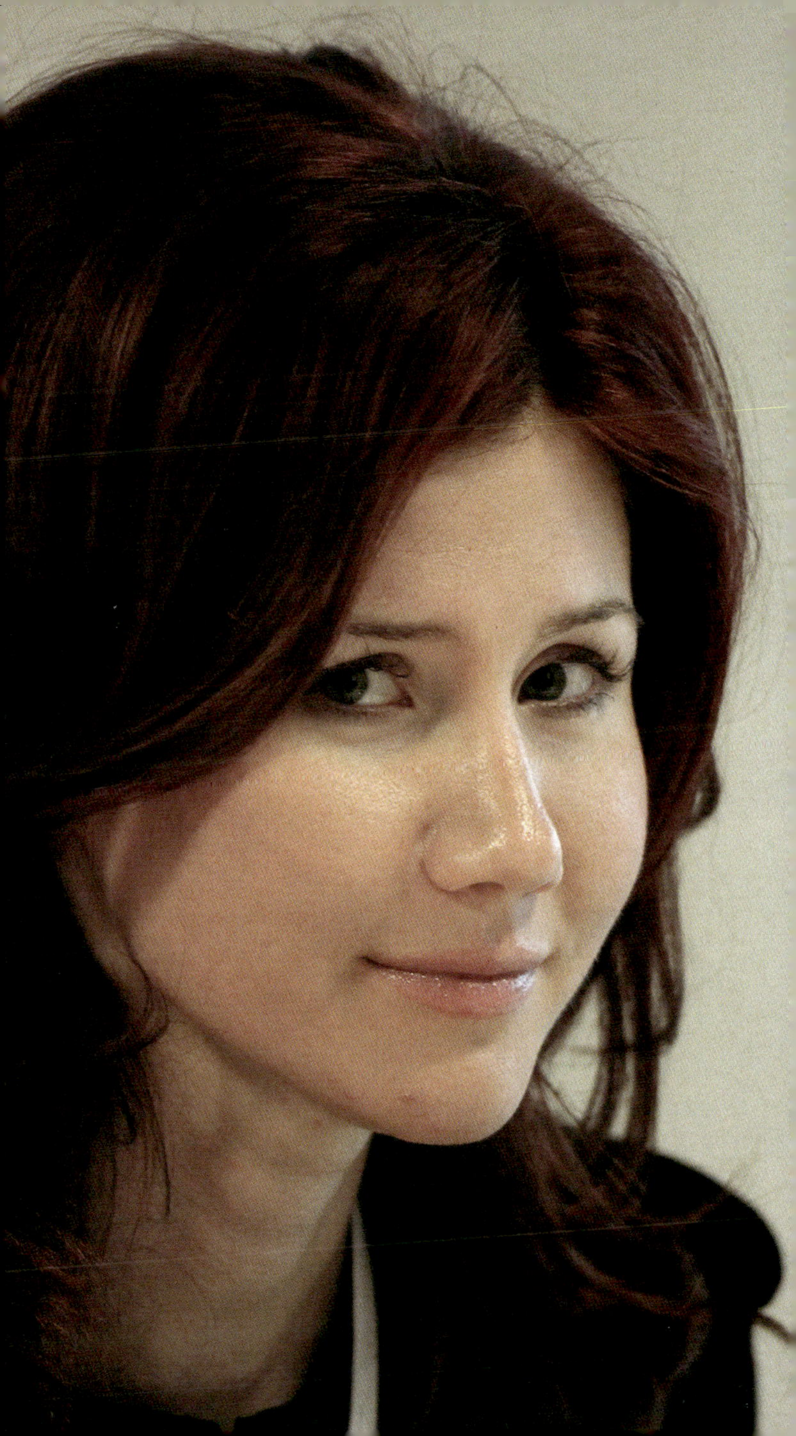

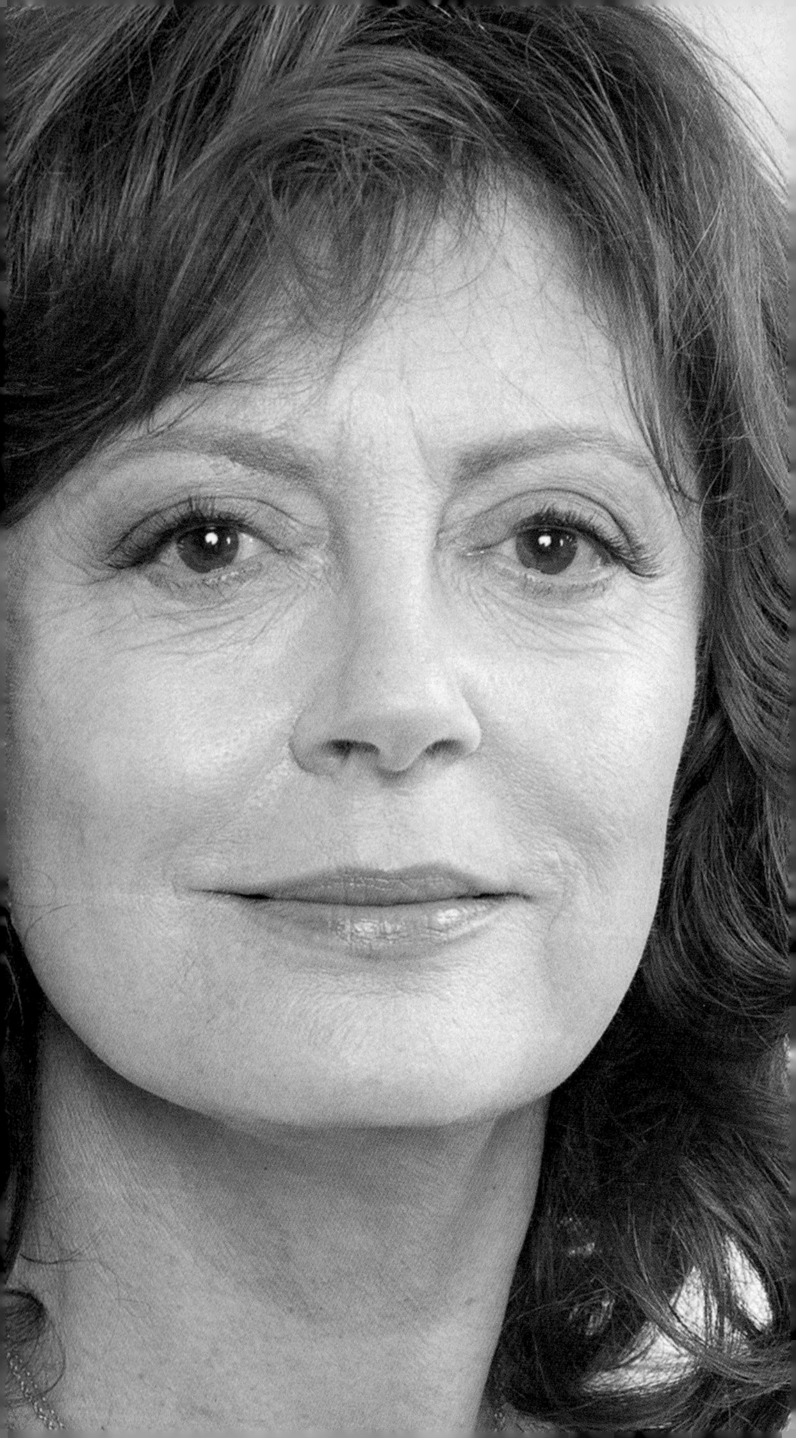

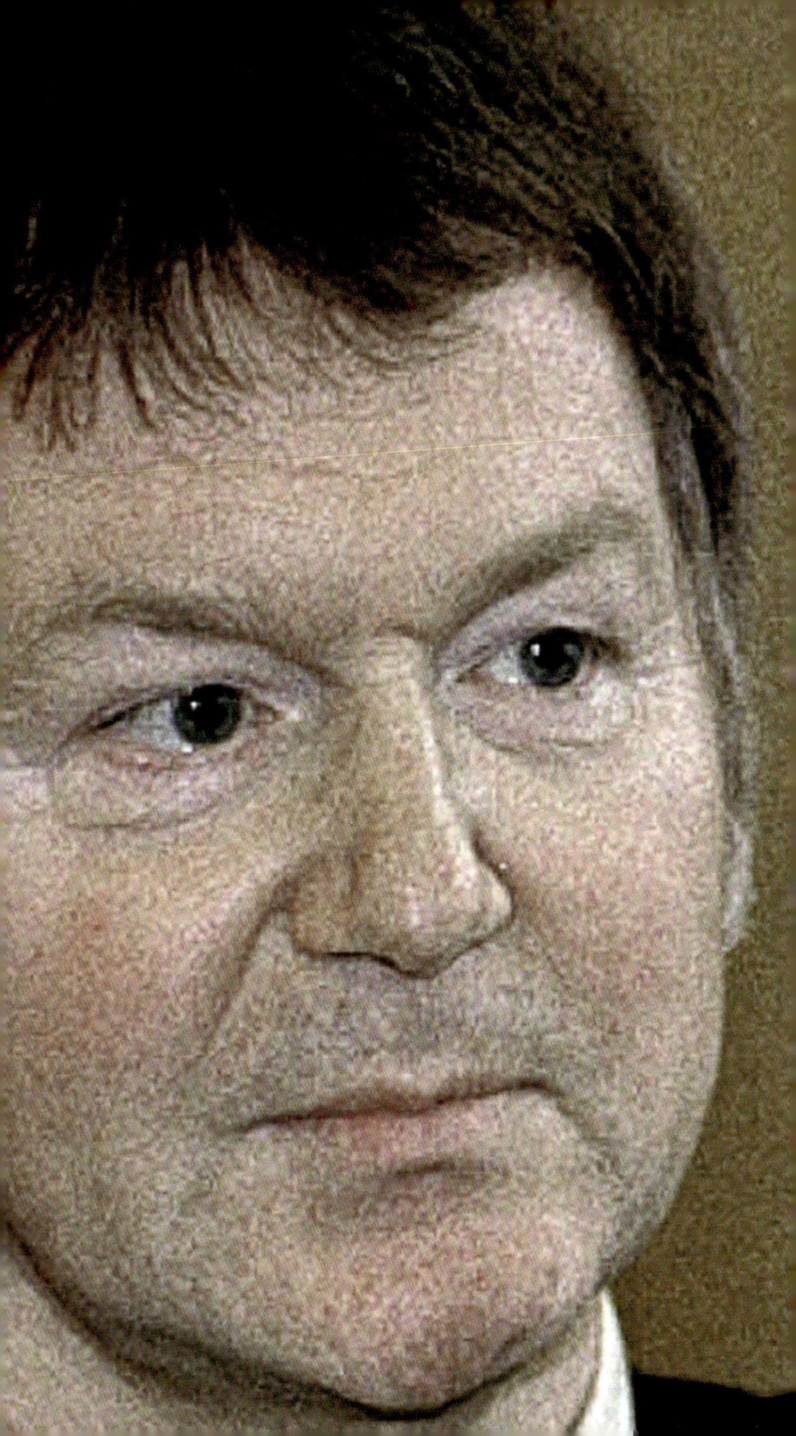

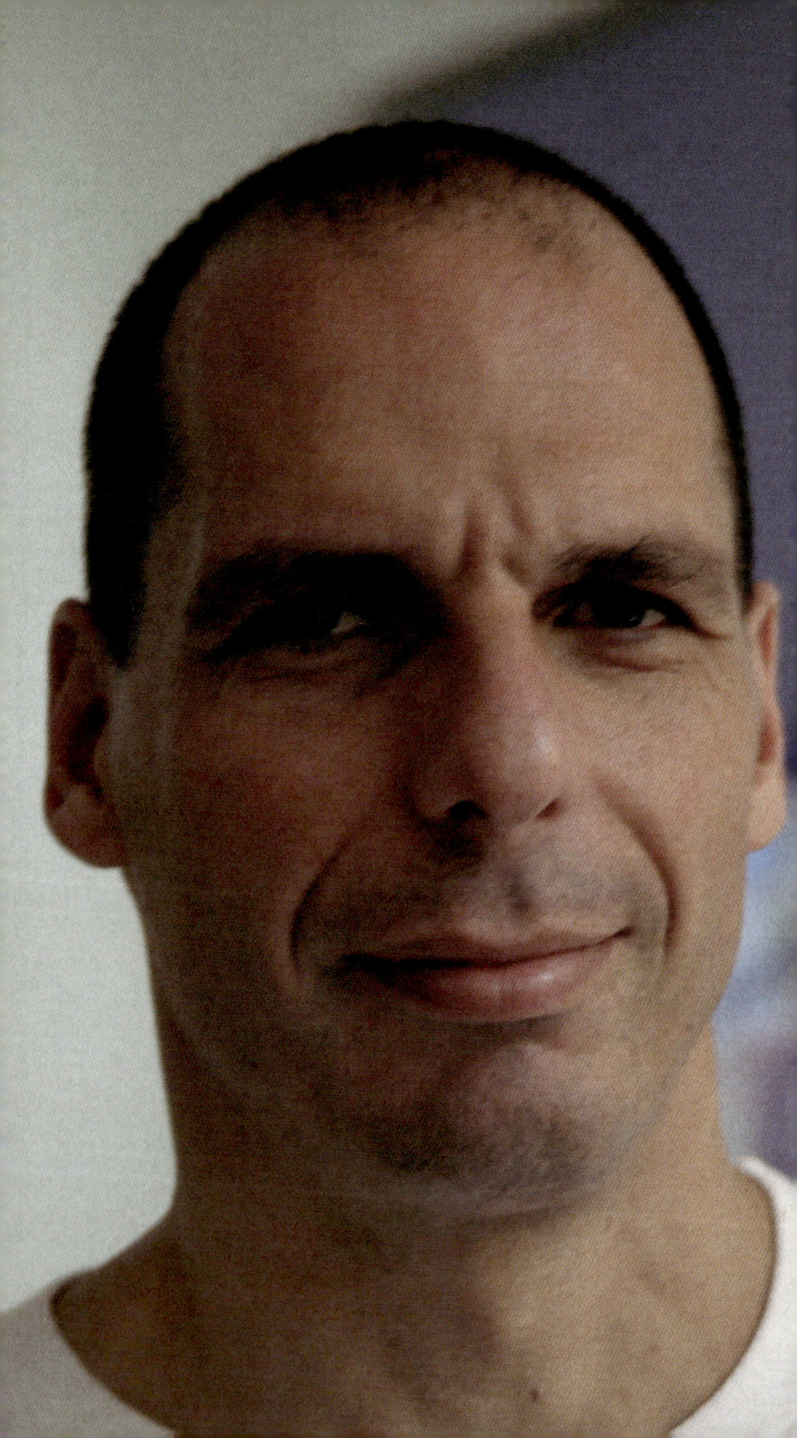

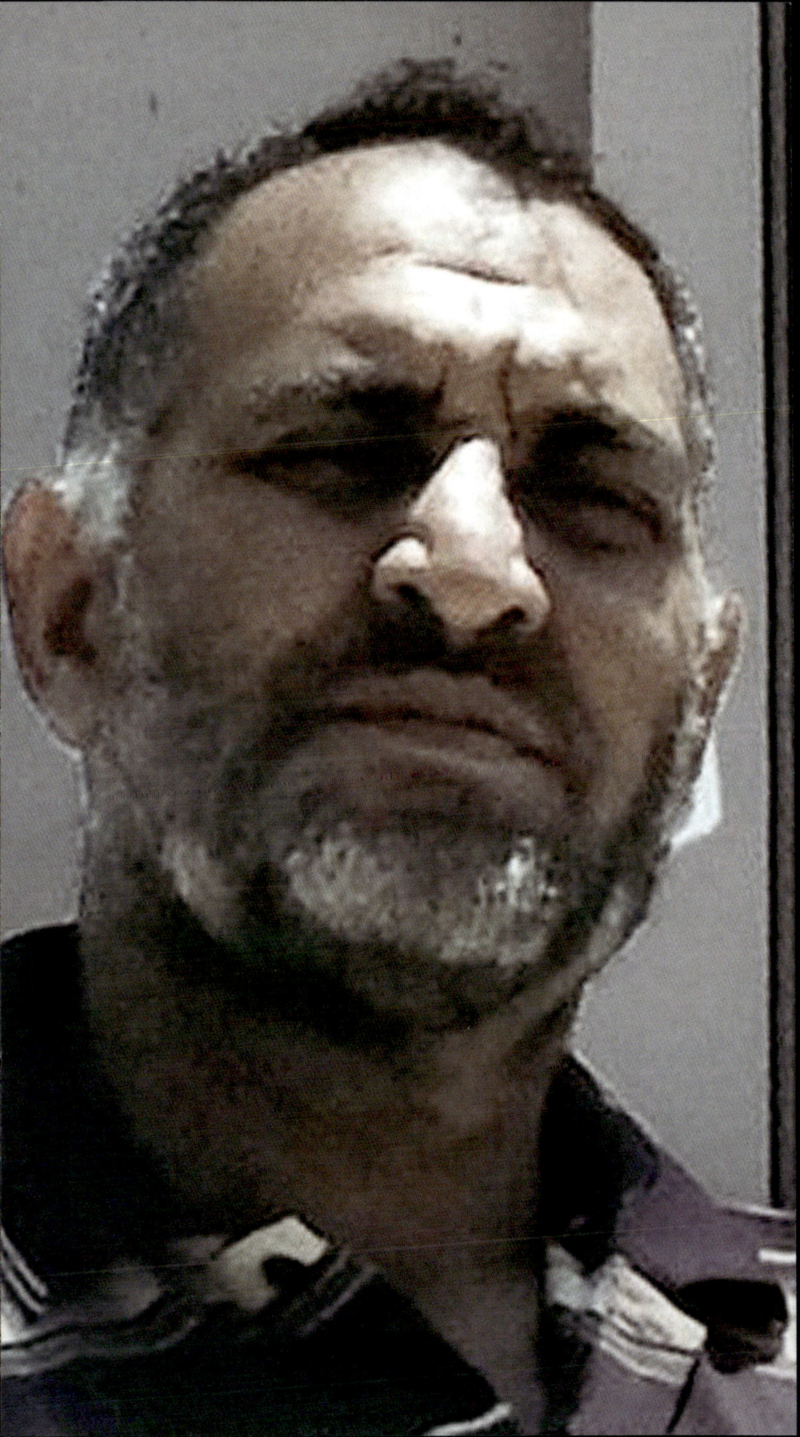

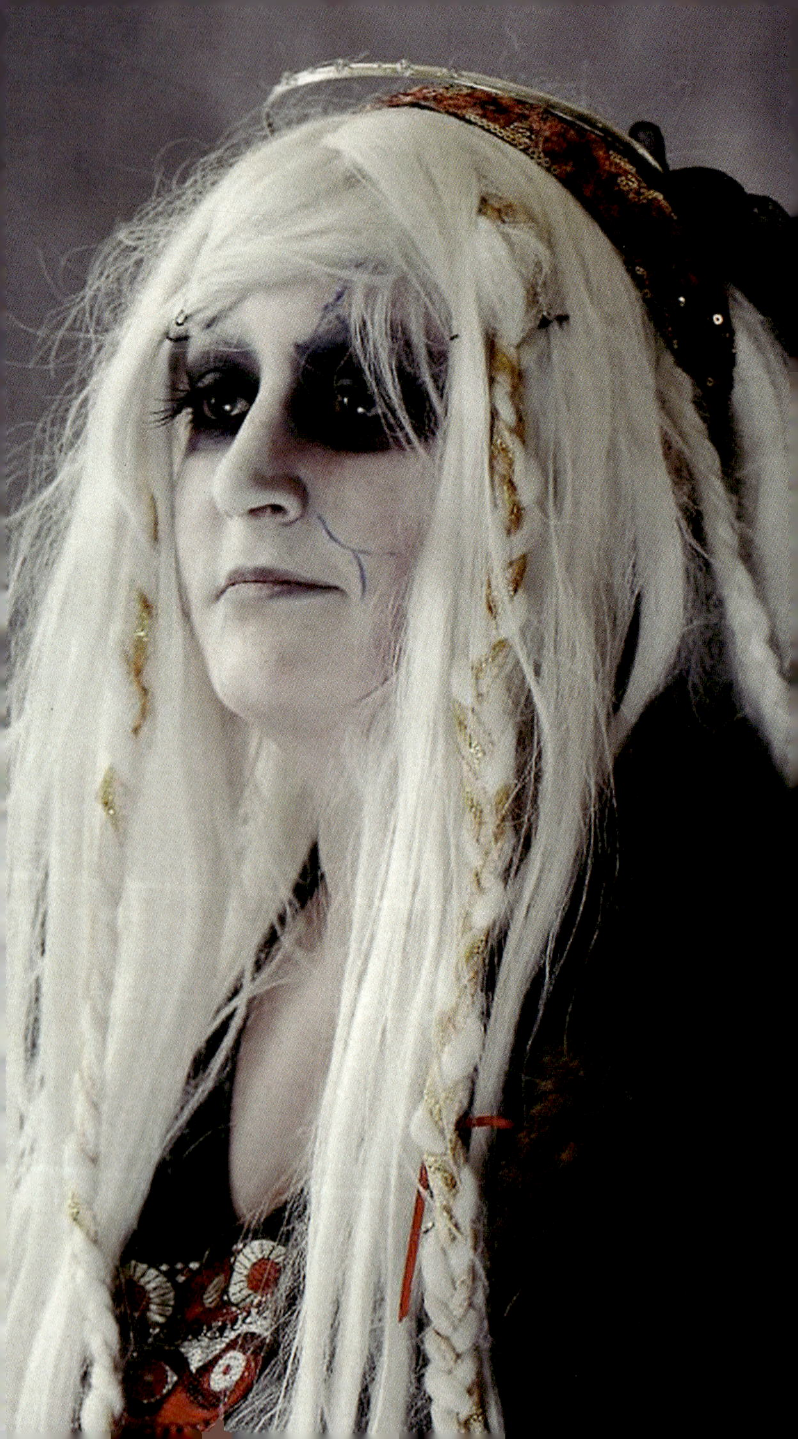

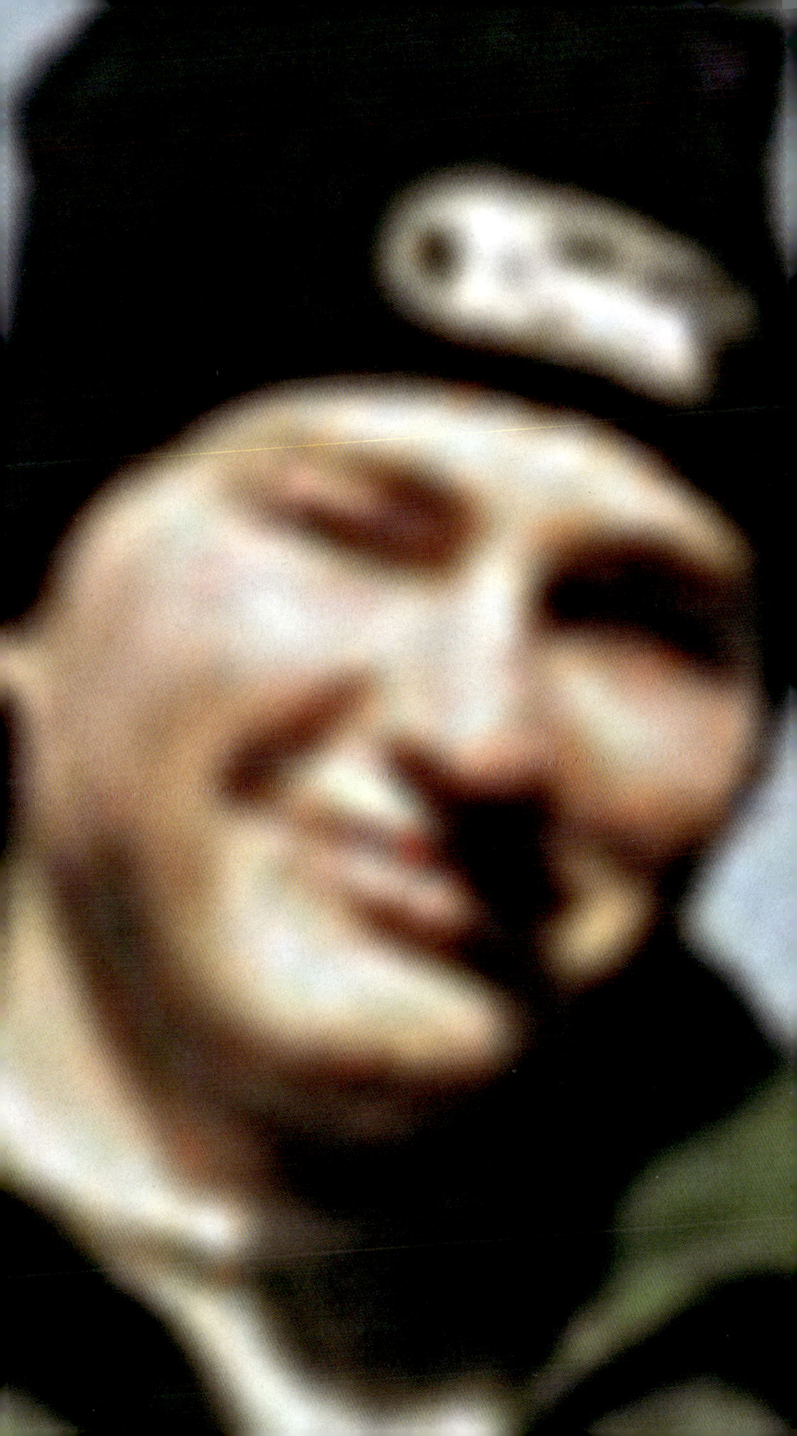

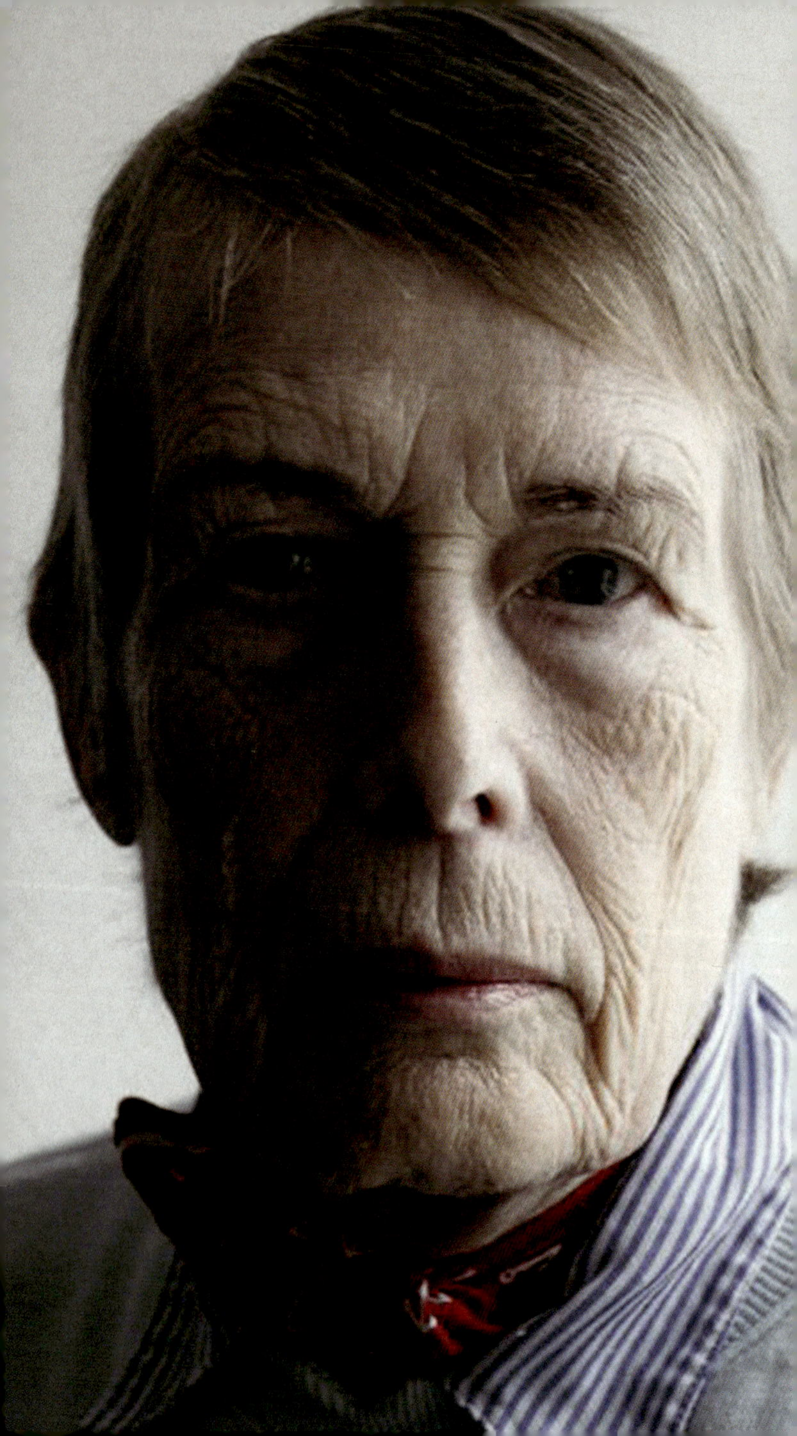

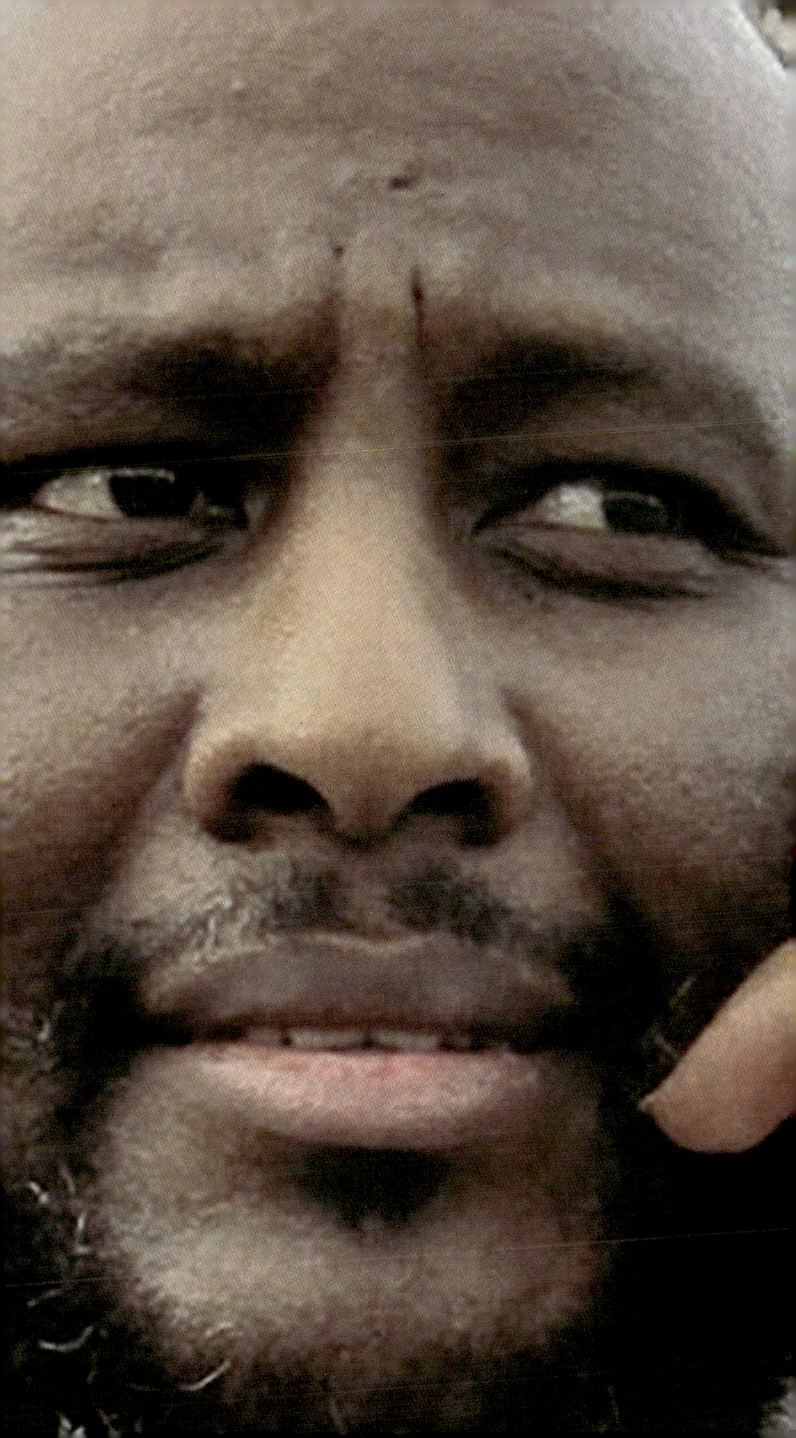

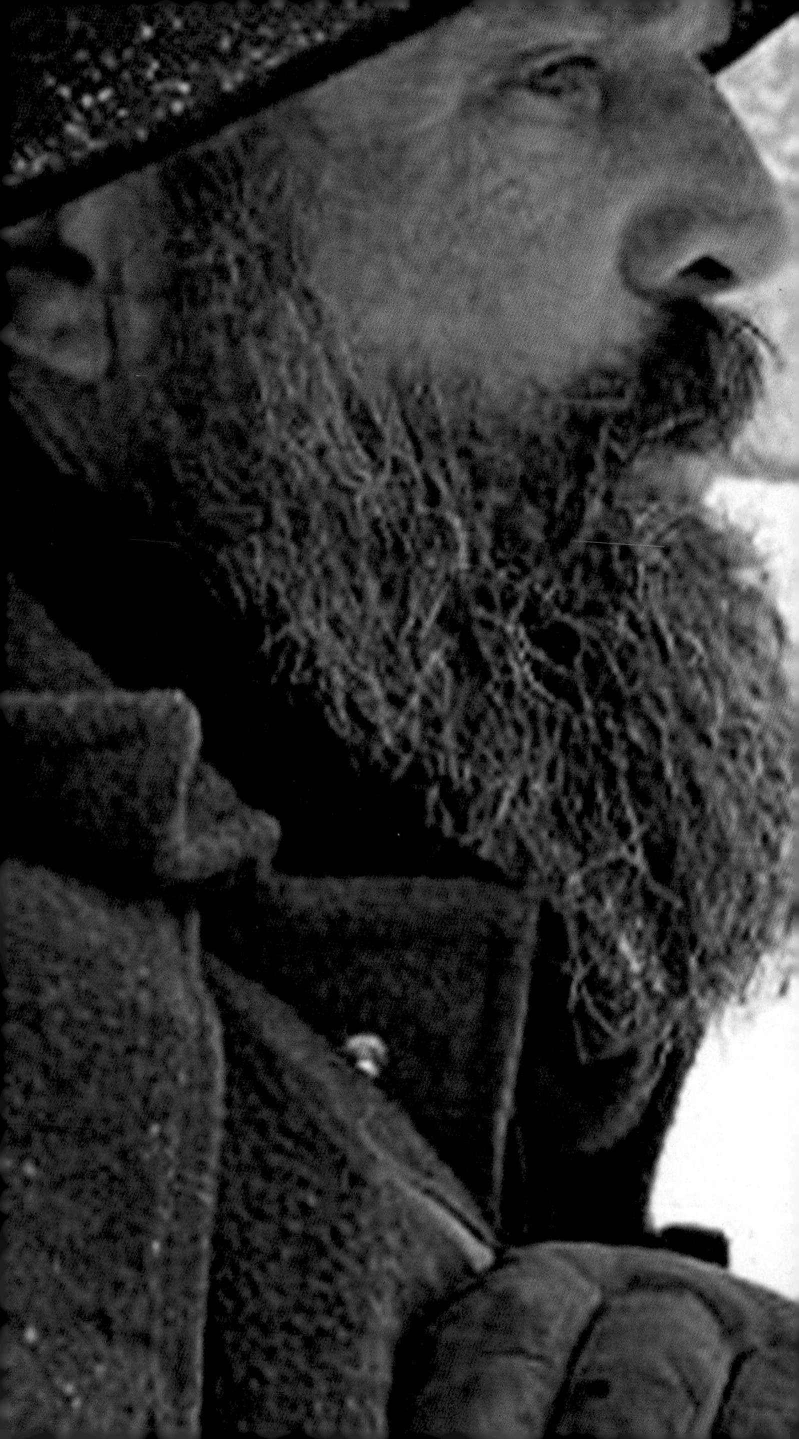

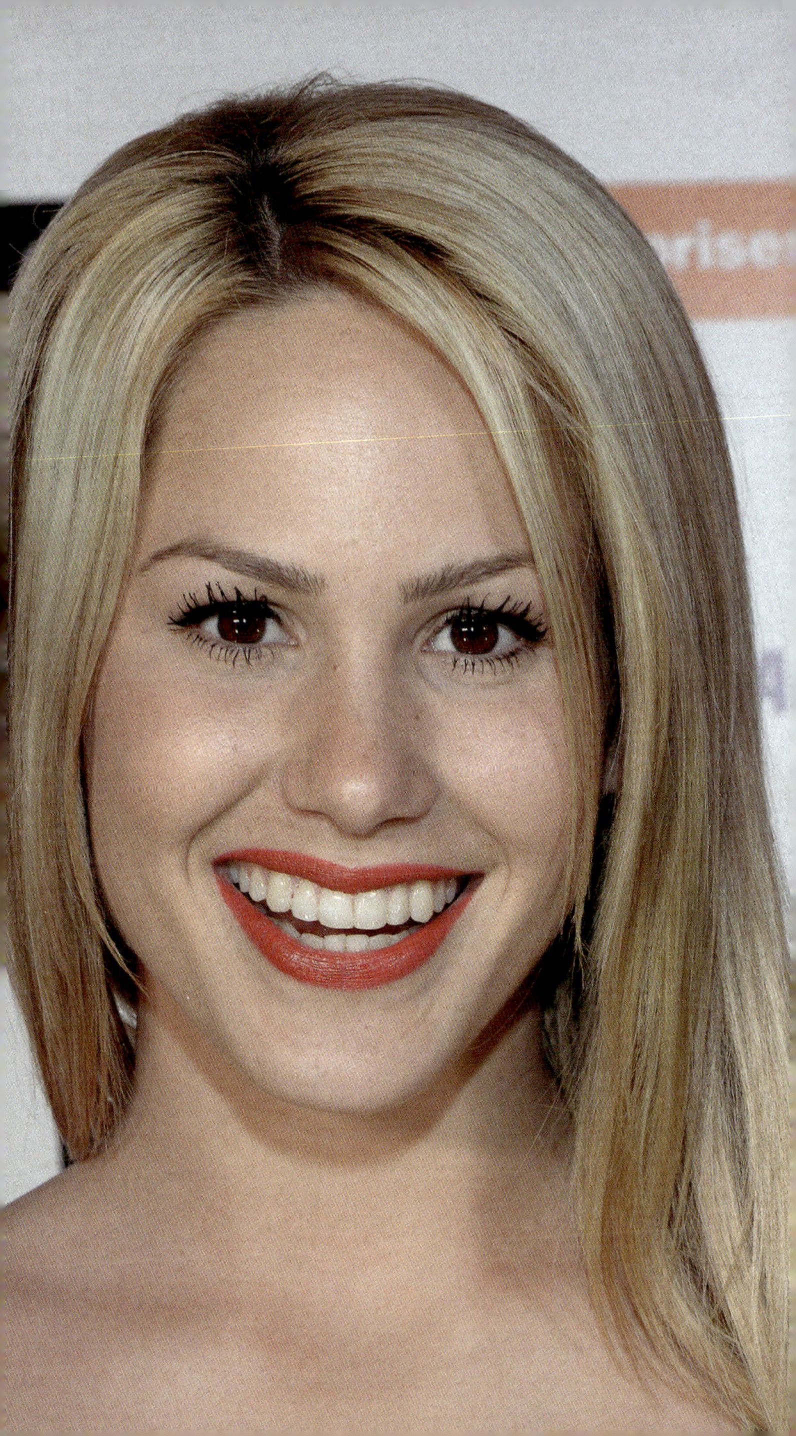

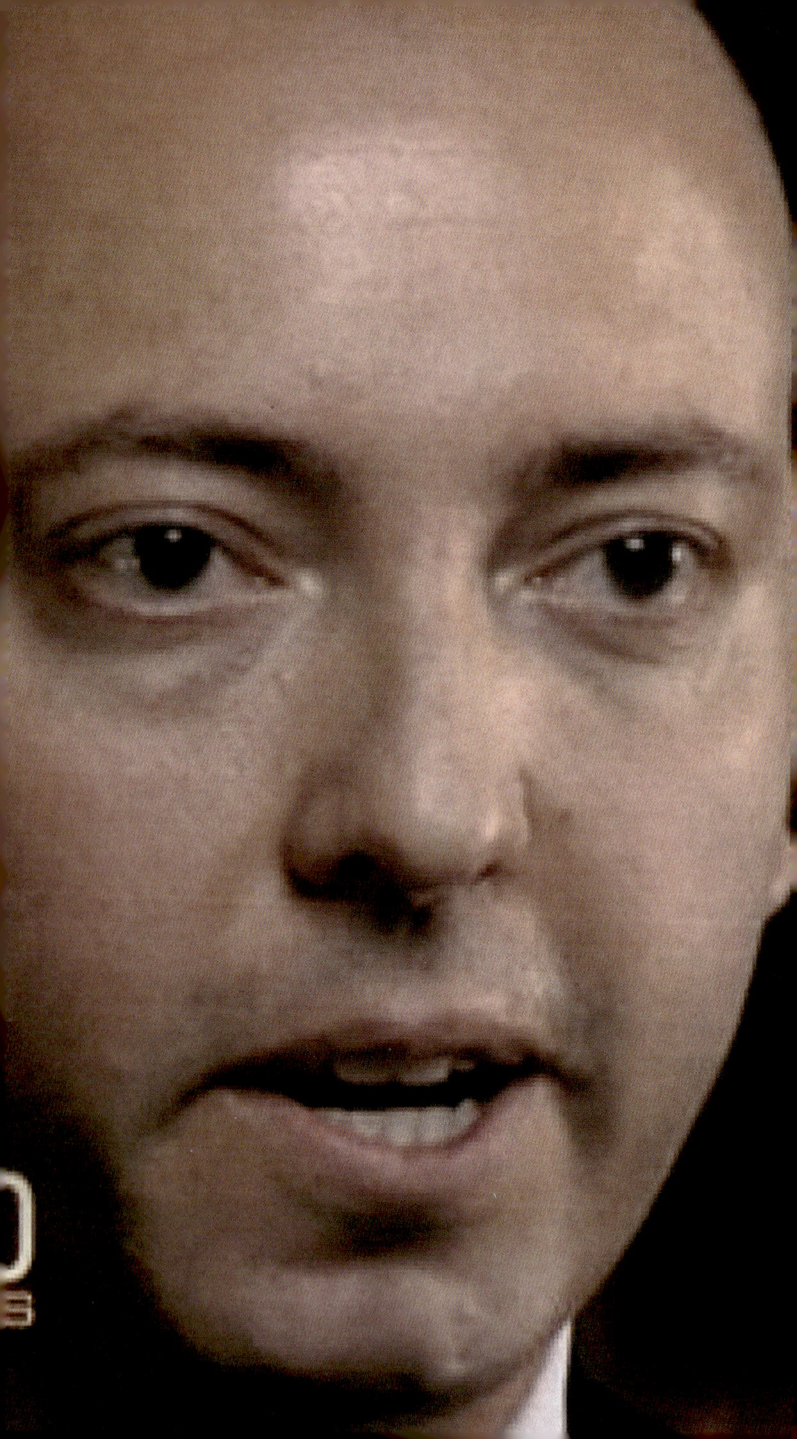

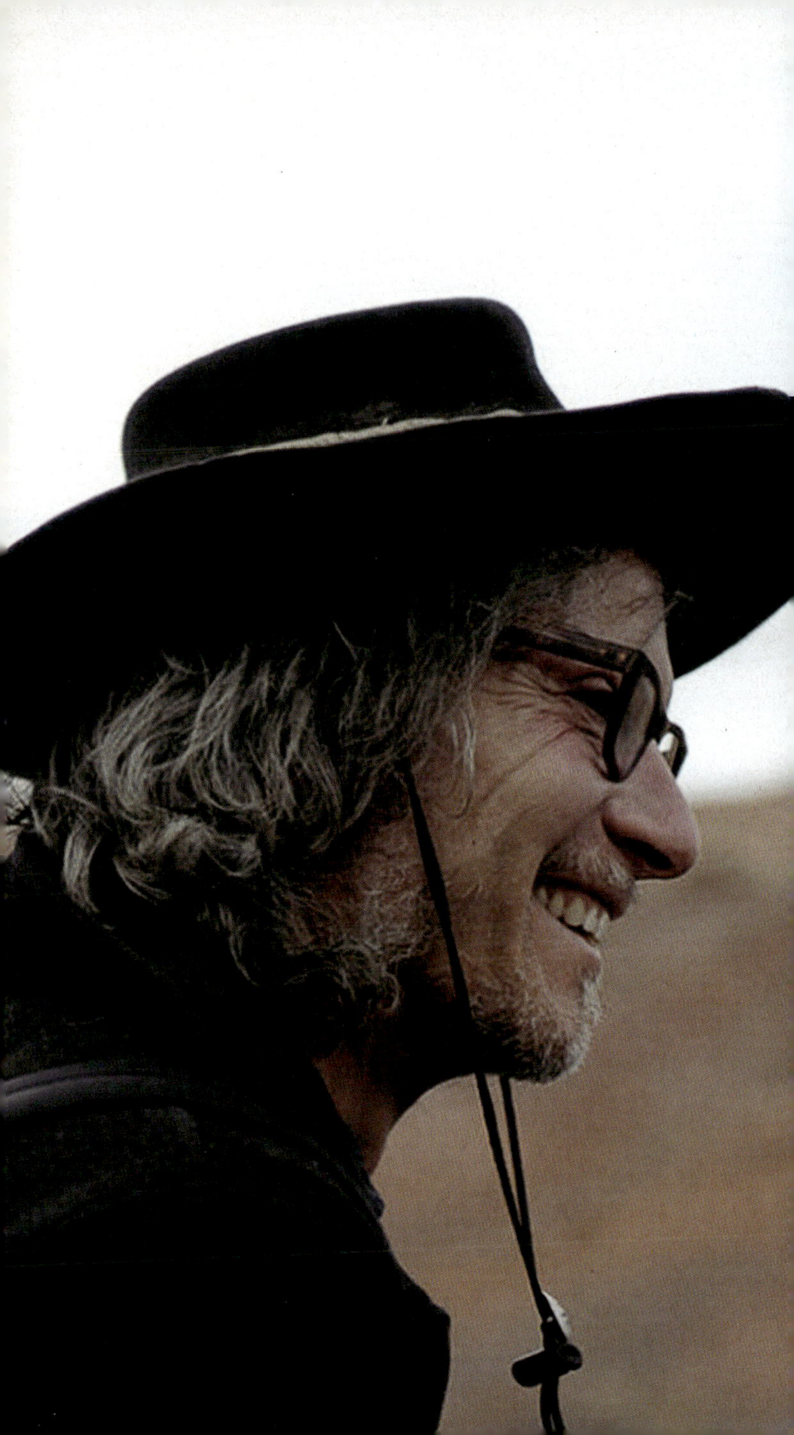

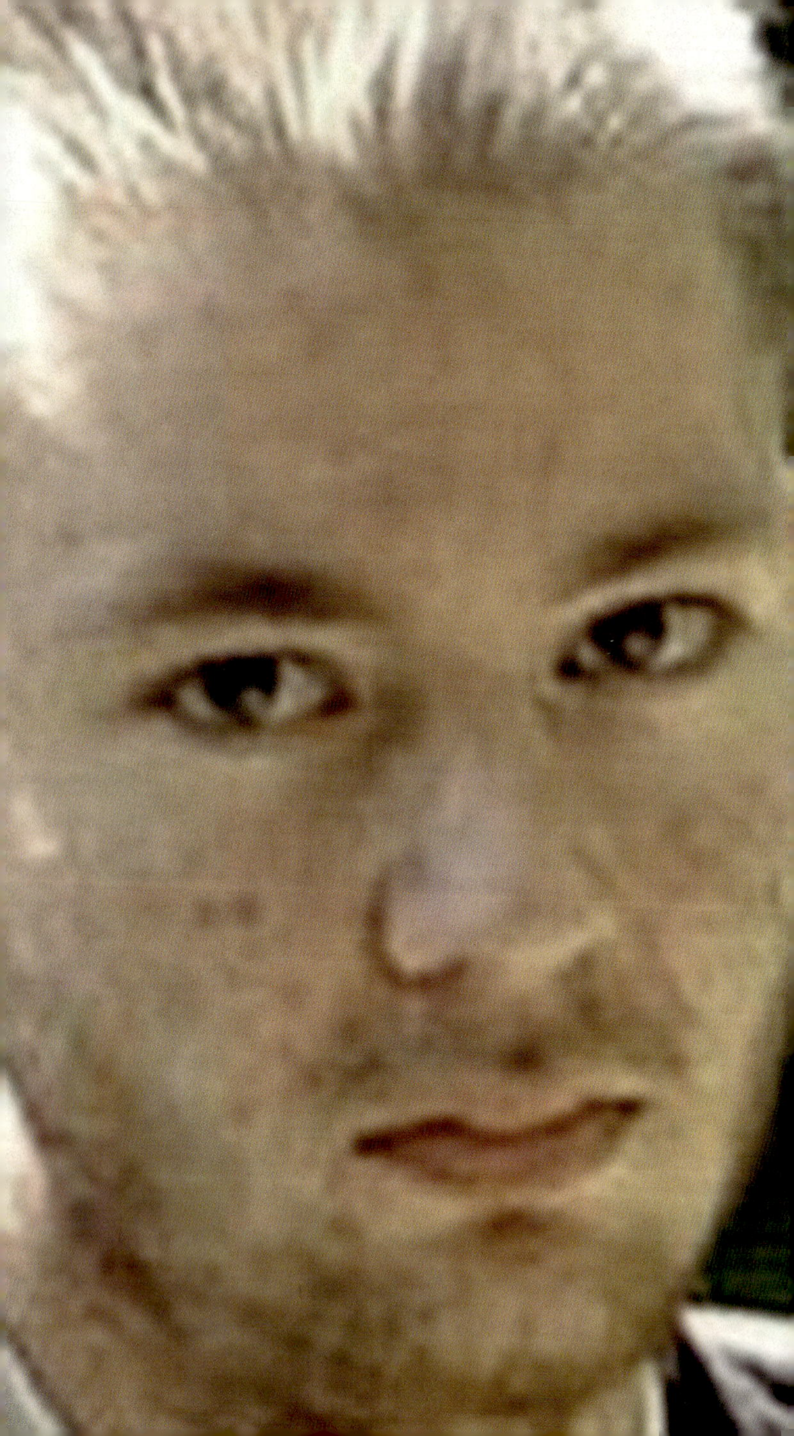

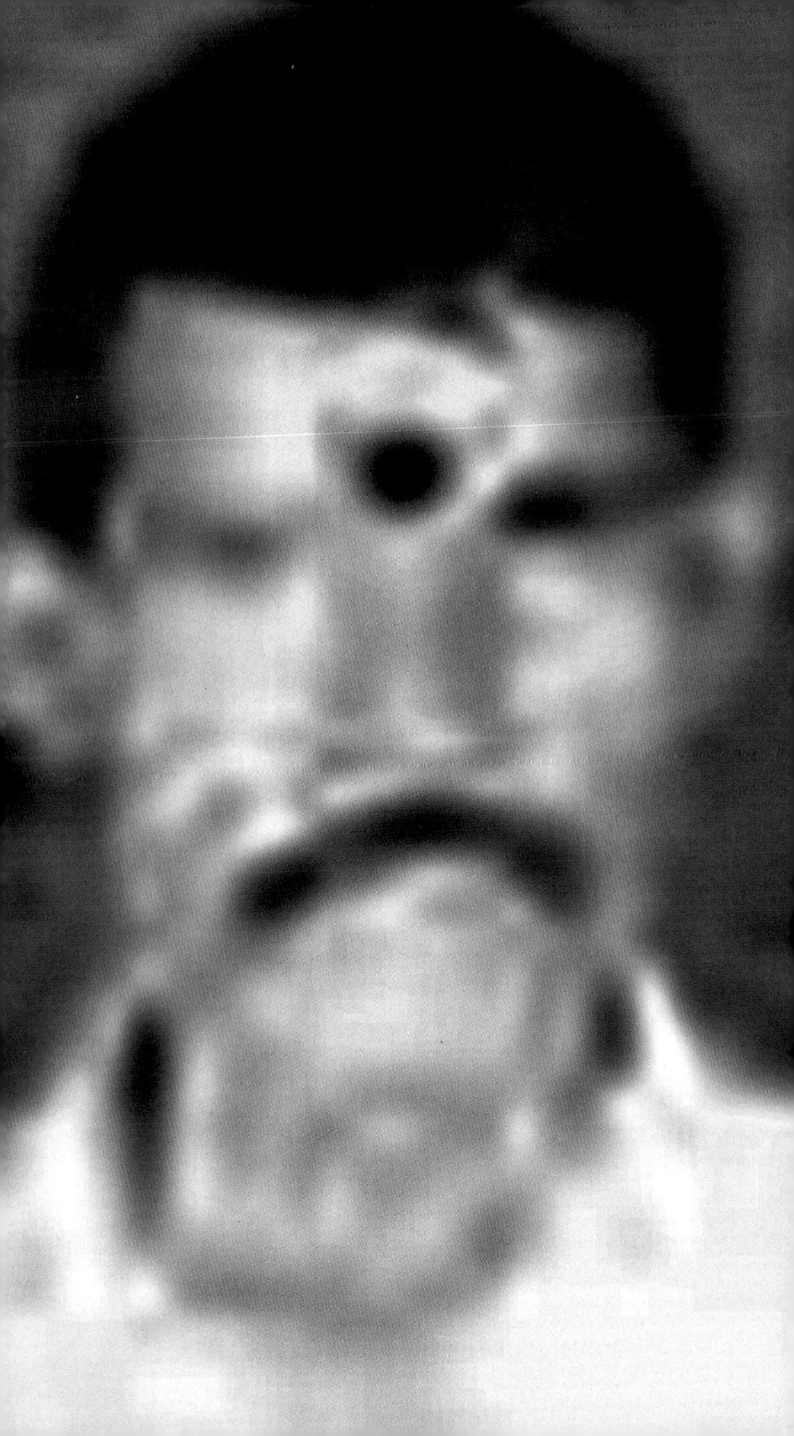

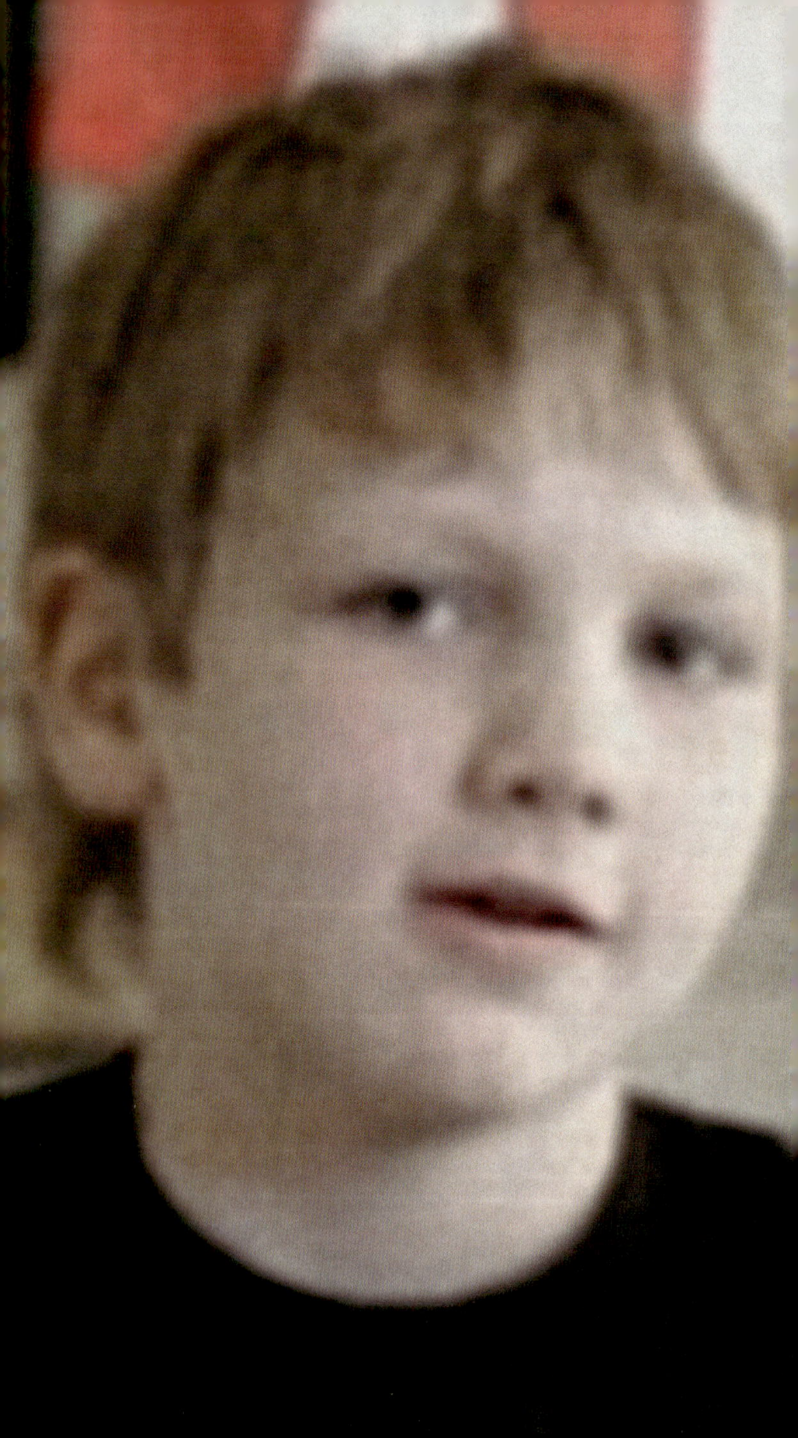

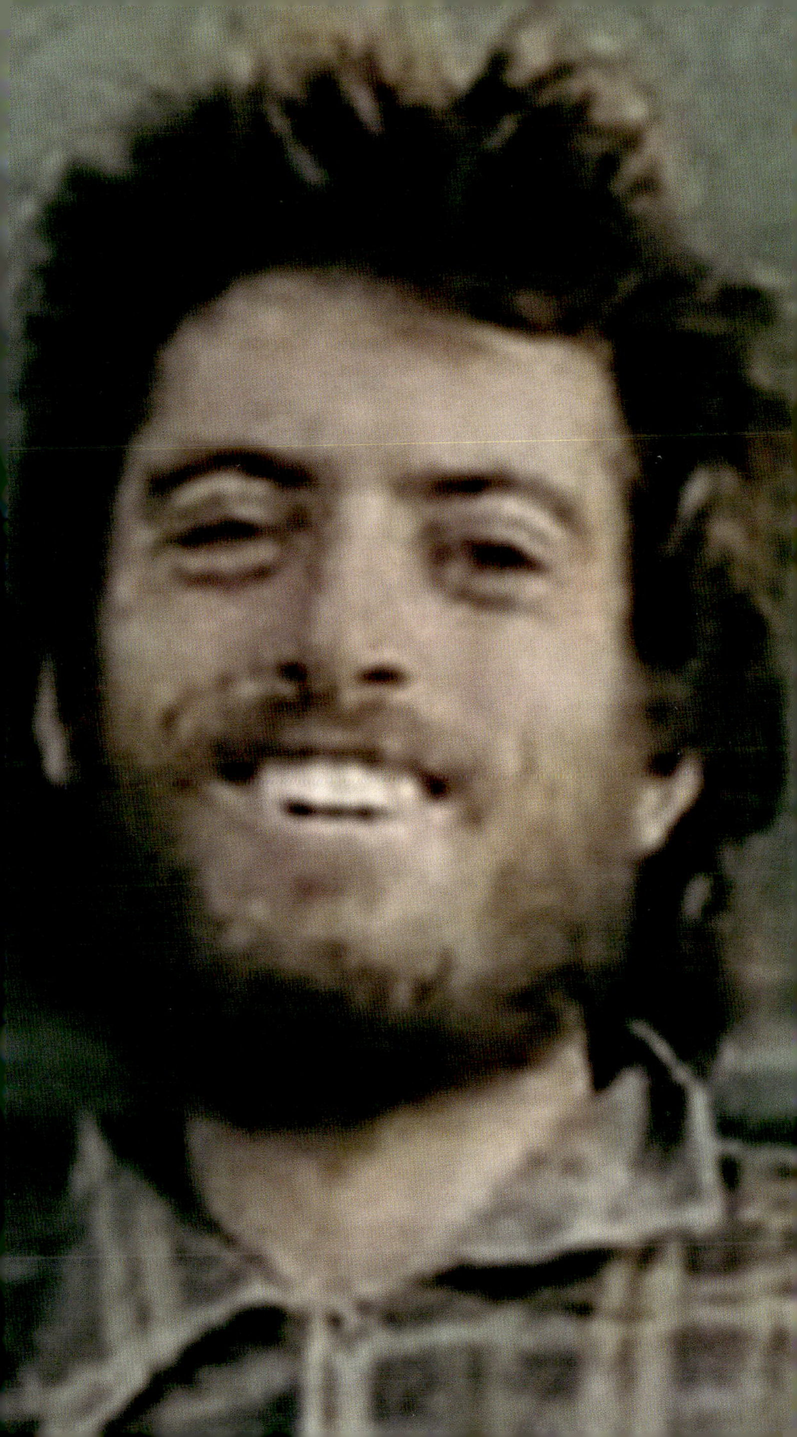